REIS 115 KCAL

D1857426

ÜSESAFT 13 KCAL

KABELJAU 68 KCAL

ALBSFILET 95 KCAL

MELONE 38 KCAL

AL

DIE 28-TAGE
Bikini-Diät

prima Carina

DIE 28-TAGE *Bikini-Diät*

Bis zu 10 Pfund genußvoll abnehmen
Rezepte und Tips für jeden Diättag

Mosaik

Inhalt

Vorwort

Als die Frauenzeitschrift prima Carina vor rund acht Jahren zum ersten Mal ihr Cooking-light-Ernährungskonzept (Cl) vorstellte, schlug es bei ihren Leserinnen ein wie eine Bombe. Cooking light, das war keine „Diät" im alten Sinne, sondern ein modernes Ernährungskonzept, das die jüngsten Erkenntnisse der internationalen Forschung auf genial einfache Weise umsetzte: Nicht an Kalorien sparen, sondern am Fett. Denn nur zu viel Fett macht fett. Der ebenso geniale wie simple Umkehrschluß: Wer an Fett einspart, muß keine Kalorien (mehr) zählen, muß nicht nach komplizierten Diätplänen leben, um Pfunde loszuwerden. Er kann sich satt essen, gesund satt essen, denn bei Cooking light geht es auch darum, die Nahrungsmittel so schonend – und dabei wohlschmeckend – zuzubereiten, daß die Vitalstoffe erhalten bleiben.

Bereits nach den ersten Veröffentlichungen wurden von den prima-Carina-Leserinnen spontan Cooking-light-Clubs gegründet, um den Kampf gegen die Pfunde gemeinsam anzutreten, sich gegenseitig zu unterstützen, um Erfahrungen und neue Rezepte auszutauschen und sich Mut zu machen, wenn es darum ging, kleine Tiefs zu überwinden. Aber auch, um Club-Siegerinnen zu feiern, die 10, 20 oder gar 50 Pfund verloren hatten. In all den Jahren hat zwischen Redaktion und Leserinnen ein reger Briefwechsel und Austausch stattgefunden, ist ein enger Kontakt entstanden. Dabei wurde immer und immer wieder diese eine Frage gestellt: Wann gibt es endlich das Cooking-light-Konzept in Buchform?

Hier ist er, der erste Cooking-light-Ratgeber. Er befaßt sich mit einem Thema, das besonders im Frühjahr akut ist, wenn die leichtere Garderobe wieder hervorgeholt, wenn der Urlaub geplant und uns klar wird, daß der Winterspeck runter muß, damit wir im leichten Sommerkleid, im Bikini oder Badeanzug gut aussehen. Aber auch rund ums Jahr kann die Cooking-light-28-Tage-Bikini-Diät, die im übrigen den Anforderungen einer Low-fat-Küche zur Vorbeugung von Herz- und Kreislauferkrankungen entspricht, praktiziert werden.

Dieser Ratgeber enthält für 28 Tage köstliche und leicht nachvollziehbare Rezeptideen für Frühstück, Mittagessen, Abendessen und Zwischendurch-Snacks. Das Einfache daran: Alle Gerichte und Snacks für den 1. bis 28. Tag bringen insgesamt pro Tag nicht mehr als 30 g Fett auf Ihren Teller. Daher können die einzelnen Rezepttage nach Belieben komplett ausgetauscht oder öfter wiederholt werden. Austauschbar sind darüberhinaus die Rezeptideen für Mittag- und Abendessen. Ob Sie die Vorschläge für die 28 Tage genau nachkochen oder sich einzelne Tage mit besonderen Lieblingsgerichten heraussuchen und mehrmals zubereiten, ob Sie – weil berufstätig – das warme Mittagessen abends und das kalte Abendessen mittags im Büro genießen, das Ergebnis ist gleich: Sie nehmen insgesamt nicht mehr als 30 g Fett pro Tag zu sich und damit erfolgreich ab.

Ebenfalls beliebig austausch- und kombinierbar sind die nach jeder Woche eingestreuten Gymnastikvorschläge für das Straffen der Körpersilhouette. Ein abschließendes Kapitel klärt über die Wichtigkeit des Trinkens bei jeder Schlankheitsdiät auf und verrät, was außer Wasser noch getrunken werden darf.

Die Cooking-light-Diät, kombiniert mit Körpertraining und viel Flüssigkeitsaufnahme, läßt Pfunde purzeln, strafft die Figur, schwemmt Schlacken aus und macht Sie rundum schöner und gesünder!

Wir wünschen Ihnen viel Erfolg!

IN 28 TAGEN *bikinischlank*

Mit weniger Fett und vielen Vitalstoffen bis zu 10 Pfund abnehmen

Hier ist sie, Ihre 28-Tage-Bikini-Diät, bei der Sie nicht hungern, keine Kalorien zählen und keine komplizierten Menüs nachkochen müssen. Auch keinen Urlaub nehmen, denn sie läßt sich bequem auch am Arbeitsplatz oder in bzw. mit der Familie durchführen. Sie werden sich vier Wochen lang körperlich und geistig topfit fühlen. Und „danach" Ihre neue Figur spielend halten können.

Bevor es losgeht - das müssen Sie wissen

Wie funktioniert die Diät?

Cooking light (Cl) heißt vor allem fettarm kochen und genießen. Mit nur 30 Gramm Fett am Tag nehmen Sie spielend ab. Bis zu 10 Pfund in vier Wochen. Kalorienzählen entfällt somit also. Denn je weniger Fett, desto weniger Kalorien! Bei unserer 28-Tage-Bikini-Diät kommen Sie täglich auf rund 1200 Kalorien. Diese 30-Gramm-Fett-am-Tag-Formel ist nachweislich die erfolgreichste und gesündeste Art, Pfunde zu verlieren, sagen anerkannte Experten wie die beiden Ernährungswissenschaftler Prof. Dr. Michael Hamm und Prof. Dr. Karl Pirke, die das Cl-Programm entwickelt haben. Eine Vielzahl internationaler Studien kam zu dem gleichen Ergebnis.

Anders als bei allen einseitigen (Crash-)Kuren bekommen Sie bei Cooking light Vitamine, Mineralstoffe und Bioaktivstoffe satt. Ohne diese Powerquellen macht der Körper schnell schlapp. Gespart wird in den Cooking-light-Rezepten nur daran, wovon wir ohnehin mehr als genug abbekommen: am Fett. Davon schlucken wir normalerweise im Schnitt 130 Gramm am Tag!

Die Cooking-light-Diät ist mehr als nur Abnehmen

Sie werden nicht nur schlank, Sie fühlen sich während der Kur einfach rundherum gut. Sie haben keine Hungergefühle, sind körperlich und seelisch gut drauf und sehen obendrein auch noch blendend aus, denn Haut und Haare bekommen bei diesem Ernährungskonzept einen echten Power-Kick. Alle Vitalstoffe werden schonend gegart oder gedämpft, so daß sie nichts an Wirkung einbüßen. Sie können damit rechnen, daß Sie nach fünf Tagen nicht nur Gewicht, sondern das erste „echte" Kilo Fett verloren haben. In 28 Tagen können Sie bis zu 10 Pfund verlieren, in Einzelfällen sogar mehr.

Bestechend ist aber auch diese Tatsache: Bei Cooking light bleibt der nach den meisten Diäten unausweichlich folgende und gefürchtete Jo-Jo-Effekt aus, der mehr Pfunde auf die Waage zurückbringt als man zu Beginn der Schlankheitskur hatte. Denn während der 28-Tage-Bikini-Diät lernen Sie – spielerisch nebenbei –, Ihre Ernährung umzustellen, so daß es Ihnen auch danach leicht fällt, mit weniger Fett auszukommen. Und dadurch dauerhaft schlank zu bleiben. Mit 60 Gramm Fett pro Tag können Sie Ihre Figur problemlos halten.

Noch zwei weitere Pluspunkte: Erstens kann man die Diät am Arbeitsplatz durchführen. Zweitens kann die ganze Familie mitmachen. Auch wenn die überhaupt nicht abnehmen muß.

Und so wird's gemacht

Jeden Tag können Sie fünf Mahlzeiten essen. Dabei nehmen Sie nicht mehr als 1200 Kalorien bzw. 30 Gramm Fett zu sich. Es gibt für jeden Tag zwei größere Mahlzeiten, eine warme und eine kalte. Sie können beide austauschen, also mittags die kalte und abends die warme Mahlzeit essen. Berufstätige können den kalten Imbiß also mit an den Arbeitsplatz nehmen und sich abends die warme Mahlzeit zubereiten. Sie dürfen auch einzelne Mahlzeiten untereinander austauschen, also zum Beispiel das Mittagessen vom Montag mit dem Abendessen vom Donnerstag. Sie bleiben trotz Tauschgeschäft immer im erlaubten Wochen-Limit. Und das Tollste überhaupt: Sie müssen sich nicht 28 Tage lang an den für jeden einzelnen Tag vor-

gesehenen Diät-Plan halten. Sie dürfen sich einzelne „Lieblingstage“ aussuchen und die beliebig wiederholen. Es sollten aber wenigstens 10-14 unterschiedliche Tages-Fahrpläne sein, damit Sie von allen Vitalstoffen genug abbekommen.

Extra-Ration für Kind & Kegel

Keine Zeit, für die Familie noch eine Extrawurst zu braten? Kein Problem. Cooking light ist nämlich nicht nur ein rundherum gesundes Ernährungs- und Wohlfühlkonzept, die Gerichte sind auch absolut familientauglich. Damit selbst die ganz Hungrigen satt werden und Kinder eine Zusatzportion wichtiger Nährstoffe bekommen, können Sie Ihre Cl-Lieblingsrezepte ohne viel Aufwand auf die gesunde Art aufstocken:

- Bieten Sie Ihren Kindern wenigstens einmal am Tag ein Glas Milch an. Darin steckt jede Menge knochenstärkendes Calcium. Auch purer Fruchtsaft – am besten natürlich frisch gepreßt – ist eine tolle zusätzliche Nährstoffquelle.
- Gegen den kleinen Hunger Ihrer Lieben zwischen den Mahlzeiten helfen Milchprodukte wie Joghurt, Dickmilch und Quark.
- Zu Suppe und Salaten ist Vollkornbrot eine gesunde und sättigende Ergänzung.
- Von Pellkartoffeln, Nudeln und Reis dürfen Sie der hungrigen Familie getrost größere Mengen anbieten. So bekommen Mann und Kinder Zusatzenergie in Form von wichtigen Kohlenhydraten. Und reichlich Vitamine und Mineralstoffe dazu.
- An Gemüse darf die Familie sich so richtig satt essen. Es steckt voller Vitalstoffe und enthält kaum Fett und Kalorien. Nur fritiert sollte es nicht sein, auch nicht in Sahnesauce schwimmen.
- Für Fleischfans in der Familie dürfen die Portionen ein bißchen größer sein: 150 Gramm Fleisch pro Person sind vernünftig. Damit das Haushaltsbudget nicht überstrapaziert wird, können Sie Filetstücke auch mal durch magere Schnitzel ersetzen.

Sport tut not

Wer seine Pfunde ein für allemal loswerden möchte, braucht neben einem fettarmen, ausgewogenen Ernährungsprogramm vor allem jede Menge Bewegung. Perfekt für starke fettverbrennende Muskeln ist Ausdauertraining wie Joggen oder Schwimmen. Aber auch flottes Radfahren, stramme Spaziergänge, konsequentes Treppensteigen und Gartenarbeit kurbeln den Stoffwechsel an und bringen Fettpolster zum Schmelzen. Sportmuffel sollten sich dazu zwingen, den Bus oder die U-Bahn eine Station vor dem Ziel zu verlassen und den Rest zu Fuß zu gehen. Oder es mit Tanzen zu versuchen. Das muß nicht unbedingt in der Öffentlichkeit sein – sich einfach zu Hause zur Musik bewegen und sich vom Rhythmus mitreißen lassen, auch das zählt, denn es verbrennt Kalorien und vermittelt ein gutes Körpergefühl. Diese neue Erfahrung führt nicht selten zum Gang ins Fitness-Center oder zum Einstieg in ein anderes Sportprogramm.

Doch um an bestimmten Problemzonen genau jene Pölsterchen zu verlieren und eine straffere Silhoutte zu bekommen anstatt schlaff schlank zu werden, muß man ganz gezielt was tun: für Busen, Bauch, Taille und Hüften und Beine. Deshalb finden Sie in diesem Buch nach jeder Diät-Woche ganz spezielle Übungen für diese Körperpartien (auf den Seiten 30-31, 46-47, 62-63, 78-79).

Eines sollten Sie dabei bedenken: Viel bewirkt nicht unbedingt viel. Das heißt: Sich einmal pro Woche total zu verausgaben, ist sicherlich besser als überhaupt nichts zu tun. Aber schlechter als jeden Tag fünf bis fünfzehn Minuten für das Training abzuzweigen.

WAS WÄHLE ICH IN RESTAURANT UND KANTINE?

Einladungen zu (Geschäfts-) Essen, Partys, der Gang zur Kantine oder ein schneller Happen unterwegs - all das kann zur Fettfalle werden. Doch nicht, wenn Sie wissen, was Sie lieber meiden sollten und was Sie - Ihrer Figur und Gesundheit zuliebe - stattdessen auswählen können

Vorsicht: viel Fett und viele Kalorien	Paßt besser ins CI-Konzept
IN DER KANTINE	
Cremesuppen	*Klare Brühe mit Gemüse, Nudeln, Reis*
Salat mit Sahne- oder Mayonnaisedressing	*Salat mit wenig Essig-Öl-Vinaigrette*
Paniertes Fleisch oder Fisch	*Gegrilltes oder gebratenes Fleisch*
Rahmsaucen zu Gemüse oder Nudelgerichten	*Gedünsteter Fisch*
Bratkartoffeln, Pommes frites, Kroketten	*Gedämpftes Gemüse*
Würstchen	*Pell-, Folien- und Salzkartoffeln*
	Reis oder Nudeln mit Gemüse
BEIM CHINESEN	
Frühlingsrollen	*Wan-Tan-Suppe*
Gebackene Teigtaschen	*Eierblumensuppe*
Ente	*Sauer-scharfe Suppe*
Schwein, Huhn, Fisch, gebacken, süß-sauer	*Sojasprossensalat*
Gebratener Reis oder Nudeln	*Huhn, Pute, Fleisch oder Fisch mit Gemüsen*
Gebackene Bananen	*Chop Suey (gemischtes Gemüse)*
	Fisch oder Garnelen in Tomatensauce
BEIM ITALIENER	
Mariniertes Gemüse	*Tomaten mit Mozzarella (mit wenig Ölivenöl)*
Spaghetti mit Pesto	*Carpaccio*
Spaghetti bolognese	*Meeresfrüchtesalat*
Makkaroni mit 4 Käsesorten	*Tomatensuppe*
Lasagne	*Spaghetti Napoli*
Pizza	*Risotto*
Tiramisu	*Fisch und Scampi vom Grill*
AM STEH-IMBIß	
Pommes frites	*Frikadelle oder Hamburger*
Currywurst	*Brötchen mit Bismarckhering*
Bratwurst	*Baguette mit Salat und wenig Käse oder Schinken*
Gyros	
Grillhähnchen	
Brötchen mit Schnitzel	
Feinkostsalate mit Mayonnaise	

Fett sparen leicht gemacht

Fett einzusparen ist einfacher, als Sie denken. Diese Beispiele zeigen Ihnen, wie Sie allein durch den Austausch von Lebensmitteln fettärmer essen können

Braten
Wenn Sie beim Schweinebraten kein Nackenstück nehmen, sondern ein Stück aus der Nuß, sparen Sie pro 150 Gramm-Portion 18 g Fett.
150 g Roastbeef anstelle von Tafelspitz:
Ersparnis 12 g Fett

Im Dämpfeinsatz läßt sich Gemüse schonend garen – ganz ohne Fett

Wurst
Fleischkäse durch Fleisch in Aspik ersetzen.
Pro 30 Gramm sparen Sie schon 6 g Fett.
Statt 30 Gramm Landjäger schmeckt auch luftgetrocknete Mettwurst. Das spart 4 g Fett.
Besser Bierschinken als Cervelatwurst. Der Unterschied pro 30 Gramm Wurst: 12 g Fett

Quark
2 Eßlöffel (60 g) Sahnequark durch Magerquark ersetzen – das spart 7 g Fett

Käse
Auf Camembert (60 % F.) verzichten und statt dessen Brie (50 % F.) nehmen. Macht pro 30 Gramm schon minus 2 g Fett
Wer 30 Gramm Gouda (45 % F.) gegen Limburger (40 % F.) austauscht, spart 7 g Fett

Fisch
150 Gramm Scholle statt Makrele spart 20 g Fett.
Thunfisch aus der Dose gibt's auch ohne Öl, nur im eigenen Saft eingelegt. Ersparnis pro 100 Gramm 20 g Fett

Öl
Statt 2 EL Salatöl nur 1 EL Öl und 1 EL Gemüsebrühe zum Salat geben. Spar-Ergebnis 10 g Fett

Kuchen
Obsttorte hat viel weniger Fett als z.B. ein Käsekuchen. Der Unterschied bei jedem Stück 17 g Fett

Eis
3 Kugeln Sahneeis gegen 3 Kugeln Fruchteiscreme ausgetauscht, macht minus 8 g Fett

Mayonnaise pur ist fett. Mit fettarmem Joghurt (oder Magerquark) gestreckt,wird sie „light" : 1 Teil Mayo auf 3 Teile Joghurt.

Geflügel – z.B. Schlegel, Keule oder Brust – in ein Stück ungefettete Alufolie wickeln und im Backofen garen. Es bleibt saftig.

Im Römertopf werden Gemüse oder Fleisch schonend im eigenen Saft gegart. Das macht Fett überflüssig.

Beschichtete Pfannen benutzen, sparsam mit Fett einpinseln. Fett heiß werden lassen, dann dringt es nicht ins Fleisch ein.

Kleine Sünden sind erlaubt...

Sie müssen sich den Griff in die Keksdose oder ins Schokoladenfach im Supermarkt nicht total verkneifen, wenn Ihnen danach ist. Süßes tut der Seele gut – und kann sogar in Ihr Cooking-light-Konzept eingebaut werden

Süßes ist Balsam für die Seele. Auch während einer Diät. Denn Süßes streichelt die Seele, vertreibt den Weltschmerz, holt uns aus Stimmungstiefs, gibt uns das Gefühl von Zufriedenheit, Anerkennung und Geliebtwerden.

Woher kommt das eigentlich? Sobald ein Seelentief anzieht, versucht unsere Stimmungszentrale im Gehirn dagegenzusteuern, indem sie die Produktion des körpereigenen Gute-Laune-Hormons Serotonin ankurbelt. Dazu brauchen die Zellen Eiweiß-Bausteine, die die Grundlage für die Fröhlichmacher sind. Und – jetzt wird's interessant – sie müssen ferner reichlich mit Kohlenhydraten versorgt werden wie z.B. Zucker. Denn erst die sorgen dafür, daß die Vorstufen der Glücksstoffe in ausreichender Menge im Gehirn ankommen. Und nach diesen süßen Helfern verlangt der Körper dann auch ganz deutlich mit Gelüsten.

Ernährungswissenschaftler geben gern den Tip, Gelüste mit einem Teller Nudeln, einer Portion Vollkornreis oder einer dicken Scheibe Brot zu befriedigen. Das würde funktionieren, denn die enthalten auch jede Menge Kohlenhydrate und zwar überwiegend Stärke, die der Körper selbst zu Zucker abbaut. Nur: Unsere Psyche läßt sich oft eben nur mit Pudding, Gummibärchen, Katzenzungen und ähnlichem besänftigen. Am allerliebsten mit Schokolade, denn die stimuliert unsere Endorphin-Produktion, also die Gefühle der guten Laune, die uns auf Wolke 7 schweben lassen. Wer sich also Süßes total verbietet, steigert sein Bedürfnis um so mehr.

Süßes macht dick und ist bei einer Diät also gestrichen? Das ist nur die halbe Wahrheit. Kohlenhydrate – auch der Zucker – sind nicht schuld an Überpfunden. Das beweist eine ganze Reihe von wissenschaftlichen Untersuchungen. Was die

Forscher aber einschränkend hinzufügen – und das ist nun die andere Hälfte der Wahrheit: Wer eine Vorliebe für fettreiche Süßigkeiten hat – Pralinen, Marzipan, Sahnedesserts zum Beispiel –, der läuft Gefahr, sein Kalorienkonto resp. sein Fett-Punkte-Konto zu überziehen und an Gewicht zuzulegen bzw. während der Diät nicht abzunehmen. Halten Sie sich deshalb an die süßen „Light"-Varianten, wenn Ihnen nach süßen Streicheleinheiten ist. Nicht überall, wo „Süßes" draufsteht, steckt automatisch eine Diät-„Sünde" dahinter. Vorsicht jedoch vor dem Zusatz „Diät". Steht er auf Schokolade oder der Kekspackung, bedeutet das nicht unbedingt, daß der Inhalt fett- und kalorienarm ist. Lassen Sie sich nicht in die Irre führen: Ein Blick aufs Etikett verschafft Ihnen Klarheit, was wirklich in welcher Menge drinsteckt.
Nicht lange nachdenken müssen Sie bei diesen „leichteren Süßen". Hier dürfen Sie zugreifen – in Maßen natürlich!

DIE „LEICHTEREN SÜSSEN"

In diesen Leckereien steckt wenig oder gar kein Fett, und auch die Kalorien halten sich in Grenzen

Süßigkeit	Fett	Kal.
Geleefrüchte (5 Stück)	0	170
Götterspeise (125 g)	0	85
Gummibärchen (10 Stück)	0	98
Kaubonbon (5 Stück)	1	50
Lakritz (5 Stück)	0	150
Marshmallow (5 Stück)	0	80
Multi-Vitamin-Bonbon (5 Stück)	0	150
Negerkuß (1 Stück)	3	90
Popcorn, süß (40 g)	2	150
Rote Grütze (125 g)	0	106

Süßigkeit	Fett	Kal.
Mon Chérie (1 Stück)	2	50
Kandierte Früchte (50 g)	1	125
Marzipankartoffel (1 Stück)	1	25
Schokolinsen (5 Stück)	0	30
Toffee (1 Stück)	1	25
Katzenzungen (1 Stück)	2	25
Schokoladeneis (50 g)	10	160
Vanilleeis (50 g)	5	110
Früchteeis (50 g)	0	50

1. TAG

CA. 1120 KCAL, 30 G FETT

FRÜHSTÜCK

Vollkornbrot mit Käserührei

225 kcal, 8 g Fett

1 kleines Ei
1 TL geriebener Parmesan
1 Scheibe Vollkornbrot
2 Salatblätter
1 Tomate
Basilikumblätter

Das Ei mit 1 Eßlöffel Wasser und dem geriebenen Parmesan verquirlen und in einer beschichteten Pfanne unter Rühren stocken lassen. Das Vollkornbrot mit den Salatblättern belegen, das Rührei darübergeben und mit der geviertelten Tomate und Basilikumblättern garnieren.

Zwischendurch

150 kcal, 1 g Fett

250 g Süßkirschen

MITTAGESSEN

Indischer Putensalat Foto

310 kcal, 9 g Fett

100 g geräucherte Putenbrust
1/4 mittelgroße Ananas
1 Lauchzwiebel
25 g Mungosprossen
1/2 Becher fettarmer Joghurt (75 g)
1 EL Salatmayonnaise
1/2 TL Curry
Salz
Pfeffer
Saft von 1/2 Zitrone

Die Putenbrust und das Ananasfruchtfleisch in feine Streifen schneiden. Die Lauchzwiebel in dünne Ringe schneiden und mit den Mungosprossen vermischen. Joghurt und Salatmayonnaise verrühren und mit Curry, Salz, Pfeffer und Zitronensaft abschmecken. Mit den vorbereiteten Zutaten vermischen und gut durchziehen lassen.

Zwischendurch

70 kcal, 1 g Fett

1/4 Tomatensaft
1 schwedisches Knäckebrötchen

ABENDESSEN

Schollen auf Zwiebel-Tomaten-Ragout

365 kcal, 11 g Fett

5 Lauchzwiebeln
2 Tomaten
1 ½ TL Olivenöl
1 TL Tomatenmark
Salz
Pfeffer
150 g Schollenfilet
Basilikumblättchen
2 kleine Pellkartoffeln
1/2 Kopfsalat
Essig

Die Lauchzwiebeln putzen und in dünne Ringe schneiden. Die Tomaten häuten und würfeln. 1 Teelöffel Olivenöl erhitzen und die Lauchzwiebeln darin anschwitzen. Tomaten und Tomatenmark dazugeben und mit Salz und Pfeffer würzen. Mit etwas Wasser beträufeln und das Schollenfilet darauf legen. Zugedeckt 6 Minuten garen. Mit geschnittenen Basilikumblättchen bestreuen und mit den Pellkartoffeln servieren. Den Kopfsalat mit einer Vinaigrette aus Essig, Salz und dem restlichen Öl anmachen und dazu reichen.

Tip

Super, wenn gleich zu Beginn einer Diät die Pfunde purzeln. Das spornt zum Durchhalten an. Helfen Sie sich mit einem Trick: Starten Sie mit der Diät zu Beginn der Menstruation. Dann sind die weiblichen Hormone aufs Abnehmen programmiert und zügeln den Hunger.

2. TAG

CA. 1175 KCAL, 30 G FETT

FRÜHSTÜCK

Ananasmüsli

250 kcal, 3 g Fett

1/4 mittelgroße Ananas
3 EL Früchte-Vollkorn-Müsli
1/2 Becher fettarmer Joghurt (75 g)
1 TL Honig
Minzblättchen
2 Erdbeeren

Das Ananasfruchtfleisch würfeln, mit Müsli, Joghurt und Honig vermischen. Mit gehackten Minzblättchen bestreuen und mit den Erdbeeren garnieren.

Zwischendurch

185 kcal, 5 g Fett

1/2 Becher fettarmer Kräuterquark (100 g)
2 Knäckebrote
25 g Mungosprossen

Den Kräuterquark auf die Knäckebrötchen streichen und mit den Mungosprossen bestreuen.

MITTAGESSEN

Hamburger mit Gurkenrelish

440 kcal, 14 g Fett

100 g Tatar
1 TL frisch geriebener Parmesan
1/2 Becher fettarmer Kräuterquark (100 g)
1 Lauchzwiebel
1 EL Haferflocken
Salz, Pfeffer
Senf, Curry
1/2 TL Öl
2 Essiggurken
1 Scheibe Vollkornbrot

Tatar mit Parmesan, 50 g Kräuterquark, gehackter Lauchzwiebel und Haferflocken vermischen, mit Salz, Pfeffer und Senf würzen und zu einer Frikadelle formen. Das Öl in einer beschichteten Pfanne erhitzen und den Hamburger darin auf beiden Seiten braten. Für das Gurkenrelish die Essiggurken fein hacken, mit dem restlichen Kräuterquark verrühren und mit etwas Curry und Pfeffer würzen. Mit der Scheibe Vollkornbrot servieren.

Zwischendurch

110 kcal, 1 g Fett

250 g Erdbeeren
1/2 mittelgroße Ananas

Die Erdbeeren kleinschneiden und mit der gewürfelten Ananas mischen.

ABENDESSEN

Gemüsesuppe mit Käsecroûtons Foto

190 kcal, 7 g Fett

2 Selleriestangen
2 Möhren
2 Lauchzwiebeln
1/2 rote Paprikaschote
1 TL Öl
200 ml Kalbsfond
1 Scheibe Vollkorntoast
1 EL geriebener Parmesan
Salz
Pfeffer
Basilikumblättchen

Selleriestangen, Möhren, Lauchzwiebeln und Paprikaschote würfeln und im Öl andünsten. Mit Kalbsfond aufgießen und zugedeckt etwa 15 Minuten garen. Den Vollkorntoast mit Parmesan bestreuen, überbacken und in Würfel schneiden. Die Suppe mit Salz und Pfeffer würzen und mit Basilikumblättchen bestreuen. Die Käsecroûtons auf die Suppe geben.

Tip

Auch das gehört zu einer ausgewogenen Diät: Einfach abschalten, Musik hören, an die frsiche Luft gehen. Eine entspannende Massage oder ein Besuch bei Ihrer Kosmetikerin wirkt ebenfalls wahre Wunder. Denn wenn Sie Ihrem Körper etwas Gutes tun, pofitiert davon auch die Seele.

3. TAG

CA. 1200 KCAL, 30 G FETT

FRÜHSTÜCK

Toast mit Aprikosenquark

320 kcal, 5 g Fett

2 Aprikosen
1 TL Honig, 1 TL Mandelstifte
1/2 Becher Magerquark (125 g)
2 Scheiben Vollkorntoast, Minzeblättchen

Die Aprikosen in kleine Würfel schneiden und mit dem Honig und den Mandelstiften unter den Magerquark mischen. Auf die getoasteten Brotscheiben streichen und mit gehackten Minzeblättchen bestreuen.

Zwischendurch

140 kcal, 4 g Fett

1/2 Becher fettarmer Joghurt (75 g)
1 TL Salatcreme
1 EL gehackte Kräuter, Salz, Pfeffer
1 gehackte Essiggurke
3 mittelgroße Möhren, 2 Lauchzwiebeln,
2 Selleriestangen, 1/2 rote Paprika

Aus Joghurt, Salatcreme, Kräutern, gehackter Essiggurke, Salz und Pfeffer einen Dip rühren. Die Gemüse in Streifen schneiden und in den Dip tauchen.

MITTAGESSEN

Kartoffelsalat mit Shitake-Pilzen Foto

315 kcal, 9 g Fett

200 g Kartoffeln
50 ml Kalbsfond
2 EL Weißweinessig
Salz, Pfeffer
1 ½ TL Öl
100 g Shitake-Pilze
1 Schalotte
1/2 Kästchen Kresse

Kartoffeln kochen, pellen und in Scheiben schneiden. Kalbsfond mit Weißweinessig, Salz, Pfeffer und 1 Teelöffel Öl verquirlen und über die Kartoffelscheiben gießen. Die Pilze waschen, halbieren, mit der feingewürfelten Schalotte im restlichen Öl einige Minuten dünsten und unter die Kartoffeln mischen. Vor dem Servieren mit der abgeschnittenen Kresse bestreuen.

Zwischendurch

95 kcal, 0,5 g Fett

200 g Aprikosen

ABENDESSEN

Spaghetti mit Tomaten und Basilikum

330 kcal, 11 g Fett

50 g Spaghetti
2 Fleischtomaten
1 Schalotte, 1 ½ TL Olivenöl
Salz, Pfeffer, Basilikumblättchen
1 TL geriebener Parmesan
1/2 Kopfsalat, Essig
1/2 Kästchen Kresse

Spaghetti nach Packungsaufschrift kochen. Tomaten häuten, halbieren, entkernen und in Würfel schneiden. Die feingewürfelte Schalotte in 1 Teelöffel Olivenöl andünsten, Tomaten dazugeben und kurz durchschwenken. Salzen, pfeffern und mit reichlich geschnittenen Basilikumblättchen unter die abgetropften Spaghetti mischen. Mit dem geriebenen Parmesan bestreuen. Den Kopfsalat waschen, kleinschneiden und mit einer Vinaigrette aus Essig, Salz und dem restlichen Öl mischen. Die Kresse abschneiden und darüberstreuen. Den Salat zu den Spaghetti servieren.

Tip

Schneiden Sie mit einem scharfen Messer oder einem Wiegemesser die Kräuter ganz fein. So geben sie mehr Aromastoffe ab, und die Speisen bekommen auch mit wenig Fett viel Geschmack.

4. TAG

CA. 1090 KCAL, 28 G FETT

FRÜHSTÜCK

Vollkornbrot mit Leberwurst

185 kcal, 7 g Fett

2 Scheiben Vollkorntoast
25 g fettarme Leberwurst
1/2 Mini-Salatgurke
Pfeffer
Schnittlauch

Das Brot toasten und mit der Leberwurst bestreichen. Die Salatgurke in Scheiben schneiden, die Brote damit belegen, pfeffern und mit Schnittlauchröllchen bestreuen.

Zwischendurch

115 kcal, 1 g Fett

1/2 Becher Magerquark (125 g)
1 TL Vanillezucker
Minzeblättchen

Magerquark mit Vanillezucker verrühren und mit den geschnittenen Minzeblättchen bestreuen.

MITTAGESSEN

Brokkolisalat Foto

330 kcal, 11 g Fett

300 g Brokkoli
1 Becher fettarmer Joghurt (150 g)
1 TL Öl
Curry
Cayennepfeffer, Salz
Saft von 1/2 Zitrone
1 Scheibe Parmaschinken
1 EL TK-Kräuter
1 Scheibe Vollkornbrot

Brokkoli in Röschen teilen und in wenig Salzwasser garen. Den Joghurt mit Öl, etwas Curry, Cayennepfeffer, Salz und dem Zitronensaft verrühren. Vom Schinken den Fettrand entfernen, dann fein würfeln und mit den Kräutern und dem Joghurt mischen. Unter die Brokkoliröschen heben und mit dem Vollkornbrot servieren.

Zwischendurch

70 kcal, 1 g Fett

1/4 Tomatensaft
1 Knäckebrötchen

ABENDESSEN

Asiatischer Würzfisch in Alufolie

390 kcal, 8 g Fett

150 g Seeteufelfilet
2 Lauchzwiebeln
100 g Champignons
2 Selleriestangen
1 Möhre
1 EL Sojasauce
1 EL Essig
1 TL Öl
geriebene Ingwerwurzel
Cayennepfeffer
Curry
4 EL Reis

Das Fischfilet in Würfel schneiden. Lauchzwiebeln, Champignons, Selleriestangen und Möhre in Scheiben schneiden. Mit den Fischwürfeln auf ein ausreichend großes Stück Alufolie geben und mit einer Marinade aus Sojasauce, Essig, Öl, etwas Ingwer, Cayennepfeffer und Curry beträufeln und gut verpacken. 30 Minuten marinieren, dann im Backofen bei 200 Grad 15-20 Minuten garen. Den Reis garen und zum Fisch servieren.

Tip

Die fette Butter auf Brot oder Brötchen können Sie weglassen. Ein Marmeladebrötchen schmeckt auch gut mit Schmand oder Magerquark. Und für Pikantes bestreichen Sie die Brotscheibe dünn mit Tomatenmark. Bei jeder Scheibe sparen Sie 4 Gramm Fett.

5. TAG

CA. 1110 KCAL, 28 G FETT

FRÜHSTÜCK

Pfirsichmüsli

205 kcal, 3 g Fett

3 EL Früchte-Vollkorn-Müsli
1 Pfirsich
1/2 Becher fettarmer Joghurt (75 g)
einige Himbeeren
Minzeblättchen

Müsli mit dem gewürfelten Pfirsich vermischen. Den Joghurt unterrühren und mit Himbeeren und Minzeblättchen garnieren.

Zwischendurch

115 kcal, 4 g Fett

2 Möhren
2 Selleriestangen
2 Lauchzwiebeln
1/2 Mini-Salatgurke
1/2 Becher fettarmer Joghurt (75 g)
1 TL Salatmayonnaise, 1/2 TL Curry
Cayennepfeffer, Sojasauce

Die Gemüse in Streifen schneiden. Für den Dip den Joghurt mit der Mayonnaise verrühren und mit Curry, Cayennepfeffer und einigen Tropfen Sojasauce abschmecken.

MITTAGESSEN

Spargelsalat mit Krabben Foto

335 kcal, 8 g Fett

500 g Spargel
1/2 TL Senf
Salz
2 EL Weißweinessig
Pfeffer
1 TL Öl
100 g Krabben
Schnittlauch
1 Scheibe Vollkornbrot

Den Spargel schälen und in wenig Salzwasser bißfest garen. Senf mit Salz, Essig, 3 Eßlöffeln Spargelkochwasser, Pfeffer und Öl verrühren und die abgetropften Spargelstücke damit marinieren. Die Krabben untermischen und mit reichlich Schnittlauchröllchen bestreuen. Mit dem Vollkornbrot anrichten.

Zwischendurch

85 kcal, 1 g Fett

250 g Erdbeeren

ABENDESSEN

Putenröllchen mit Schmortomate und Kartoffeln

370 kcal, 12 g Fett

125 g Putenschnitzel
1 Scheibe Parmaschinken ohne Fettrand
1 TL Öl
1 große Tomate
Thymian
Salz, Pfeffer
100 ml Kalbsfond
2 kleine gekochte Kartoffeln

Das Putenschnitzel flachklopfen und mit dem Schinken belegen. Aufrollen und mit einem Zahnstocher feststecken. In einer beschichteten Pfanne im Öl rundherum anbraten. Die Tomate kreuzförmig einschneiden, etwas auseinanderdrücken, mit Thymian, Salz und Pfeffer würzen. Zu dem Putenröllchen geben, mit Kalbsfond begießen und zugedeckt etwa 20 Minuten weichschmoren. Die gekochten Kartoffeln dazu servieren.

Tip

Wenn auf Ihrer Waage auch nach mehreren Tagen Diät noch kein Erfolg sichtbar ist, nicht verzweifeln. Vermutlich haben Sie trotzdem Fett verloren. Aber weil Sie aktiv sind und Ihr Körper Muskeln aufbaut, bleibt Ihr Gewicht konstant. Prüfen Sie dann mit einem Maßband, ob an Hüfte und Oberschenkeln die Fettpolster schwinden.

6. TAG

CA. 1165 KCAL, 30 G FETT

FRÜHSTÜCK

Vollkornbrot mit Eierquark

310 kcal, 7 g Fett

1/2 Becher Magerquark (125 g)
1 kleines, hartgekochtes Ei
1 EL Schnittlauchröllchen
1/2 Bund Radieschen
Salz, Pfeffer
1 Scheibe Vollkornbrot

Magerquark mit dem gehackten Ei und den Schnittlauchröllchen verrühren. Die Radieschen in kleine Würfel schneiden und untermischen. Mit Salz und Pfeffer abschmecken und auf die Brotscheibe streichen.

Zwischendurch

95 kcal, 1,5 g Fett

1 Becher fettarmer Joghurt (150 g)
1 TL Vanillezucker
250 g Himbeeren

Joghurt mit Vanillezucker süßen und über die Himbeeren geben.

MITTAGESSEN

Geräucherte Putenbrust mit Rohkostsalat

300 kcal, 7 g Fett

1 Scheibe Vollkornbrot
60 g geräucherte Putenbrust
1 Kohlrabi
1 kleiner Zucchino
2 Möhren
1/2 TL Senf, Salz
2 EL Kalbsfond
1 EL Essig
1 TL Öl
Basilikumblättchen
Schnittlauch

Das Vollkornbrot mit der in Scheiben geschnittenen Putenbrust belegen. Den geschälten Kohlrabi, den Zucchino und die Möhren in feine Streifen schneiden. Aus Senf, Salz, Kalbsfond, Essig und Öl eine Marinade rühren und die Rohkost damit übergießen. Mit geschnittenen Basilikumblättchen und Schnittlauch bestreuen.

Zwischendurch

70 kcal, 1 g Fett

1/4 l Tomatensaft
1 Knäckebrötchen

ABENDESSEN

Kalbssteak mit gratinierten Möhren Foto

390 kcal, 13 g Fett

6 junge Möhren
100 ml Kalbsfond
1 Becher Vollmilch-Joghurt (150 g)
1/2 TL Curry
Pfeffer
Salz
geriebene Ingwerwurzel
1 TL Semmelbrösel
1/2 TL Öl
125 g Kalbsmedaillon

Die Möhren der Länge nach halbieren und im Kalbsfond bißfest garen. Nebeneinander in eine längliche Auflaufform legen. Den Joghurt mit Curry, Pfeffer, Salz und etwas geriebener Ingwerwurzel verrühren und über die Möhren gießen. Mit Semmelbrösel bestreuen und bei 220 Grad gratinieren. Das Öl in einer beschichteten Pfanne erhitzen und das Kalbsmedaillon darin kurz braten. Salzen, pfeffern und zum Möhrengratin servieren.

Tip

Unstillbare Lust auf was Süßes? Nur zu, wenn Sie zu Leckereien greifen, die gar kein Fett enthalten und deren Kalorienzahl sich in Grenzen hält: 5 Geleefrüchte schlagen mit 170 kcal zu Buche, 5 Stück Lakritz mit 150 und die gleiche Menge Marshmallows mit 80 kcal. Einfach ein „Zwischendurch“ streichen oder anderweitig einsparen.

7. TAG

CA. 1125 KCAL, 29 G FETT

FRÜHSTÜCK

Müsli Foto

210 kcal, 5 g Fett

2 EL Haferflocken
1 TL Mandelsplitter
1 Pfirsich
1/2 Becher fettarmer Joghurt (75 g)
einige Kiwischeiben, Himbeeren oder Johannisbeeren, Minzeblättchen

Haferflocken in einer beschichteten Pfanne ohne Fett rösten. Mit den Mandelsplittern und dem gewürfelten Pfirsich vermischen. Den Joghurt unterrühren und mit Kiwischeiben, Himbeeren oder Johannisbeeren und Minzeblättchen garnieren.

Zwischendurch

110 kcal, 2 g Fett

1 Becher fettarmer Joghurt (150 g)
1 TL Nescafé
1 TL Honig

Den Joghurt mit dem Kaffeepulver und dem Honig verrühren.

MITTAGESSEN

Tortilla mit Tomaten

305 kcal, 10 g Fett

2 mittelgroße Kartoffeln
4 Lauchzwiebeln
1/2 TL Öl
1 kleines Ei
1 EL gehackte Kräuter
Salz
Pfeffer
2 Tomaten

Die Kartoffeln schälen und in dünne Scheiben hobeln. Die Lauchzwiebeln in dünne Ringe schneiden. Das Öl in einer beschichteten Pfanne erhitzen, Kartoffeln und Lauchzwiebeln darin bei mittlerer Hitze garen. Das Ei mit 1 Eßlöffel Wasser, den gehackten Kräutern, Salz und Pfeffer verquirlen und darübergießen. Zugedeckt stocken lassen, dann auf einen Teller geben. Die Tomaten in Viertel schneiden und zur Tortilla servieren.

Zwischendurch

140 kcal, 0,5 g Fett

1 Zuckermelone

ABENDESSEN

Tomaten mit Thunfischfüllung

360 kcal, 11 g Fett

2 große Fleischtomaten
Salz
Pfeffer
1 kleine Dose Thunfisch naturell (65 g)
1/2 Becher Magerquark (125 g)
1 Schalotte
1 EL Kapern
1 kleiner Zucchino
1/2 TL Öl
Thymian
50 ml Gemüsebrühe
1 Scheibe Vollkorntoast

Von den Tomaten einen Deckel abschneiden, aushöhlen und innen salzen und pfeffern. Den Thunfisch zerdrücken und mit dem Quark, der gewürfelten Schalotte und den Kapern verrühren. Die Masse in die Tomaten füllen. Den Zucchino in feine Streifen schneiden und im Öl andünsten. Mit Thymian, Salz und Pfeffer würzen und mit der Gemüsebrühe begießen. Die Tomaten daraufstellen und zugedeckt 20 Minuten garen. Dazu das getoastete Brot reichen.

Tip

Wenn Sie Tomaten aushöhlen, passieren Sie das Fleisch durch ein Sieb. Der Saft steckt voller Aroma- und Vitalstoffe, die jeder Sauce Geschmack geben.

Ihr Body-Styling-Programm: Oberarme, Busen

Es ist ein offenes Geheimnis: Bei einer Diät verlieren die meisten Frauen zuerst „obenherum“: Busen und Oberarme verlieren an Straffheit – wenn man nichts dagegen tut. Hanteln können hier wahre Wunder bewirken. Man muß dazu nicht extra ins Fitness-Studio – Wohnzimmer oder Flur reichen für diese Übungen allemal aus. Doch vor dem Hantelschwingen steht erst mal das Warm-up: Auf der Stelle laufen und dabei die Unterarme mit den Hanteln abwechslungsweise zum Ellbogen ziehen. 20-30mal wiederholen.

1

2

3

4

1. Hantel über den Kopf heben und nach hinten absenken. Seiten wechseln. 10-20mal wiederholen – wie alle Übungen auf dieser Seite.

2. Im Sitzen den Arm mit der Hantel gegen den Oberschenkel lehnen, langsam beugen und strecken, dann die Seiten wechseln.

3. Aus der Grätsche den Oberkörper weit nach vorn beugen, die Hanteln kräftig ausholend schwingen lassen.

4. Arme seitlich strecken. Oberkörper schwungvoll nach rechts drehen, nachfedern lassen, dann die Seiten wechseln.

8. TAG

1155 KCAL, 30 G FETT

FRÜHSTÜCK

Bunte Knäckebrote

270 kcal, 7 g Fett

3 Scheiben Vollkornknäckebrot
1 EL Hüttenkäse, 1 TL Honig. 1 TL Senf
1 Scheibe fettarmer Schnittkäse
1 Scheibe Putenbrustaufschnitt
1 EL gehackte Kräuter, 1 Tomate

Eine Scheibe Knäckebrot mit Hüttenkäse und Honig bestreichen. die beiden anderen Scheiben mit Senf. Eines mit Schnittkäse, das andere mit Putenbrust belegen und mit gehackten Kräutern bestreuen. Dazu die Tomate essen.

Zwischendurch

140 kcal, 2 g Fett

1 Scheibe Vollkornbrot
1 TL Tomatenmark
1 Scheibe Gemüsesülze
gehackte Kräuter

Tomatenmark auf das Brot streichen, mit Gemüsesülze belegen und mit gehackten Kräutern bestreuen.

MITTAGESSEN

Gefüllte Paprika

310 kcal, 8 g Fett

3 EL Couscous , 125 ml Gemüsebrühe
1 rote Paprikaschote, 1 Schalotte
1 TL Olivenöl
1 Tomate, 1 Lauchzwiebel
1 EL gehackte Petersilie, Salz, Pfeffer
2 EL fettarmer Joghurt, 1 TL geriebener Käse

Den Couscous in der warmen Brühe etwa 30 Minuten quellen lassen. Die Paprika waschen und einige Minuten in kochendem Wasser blanchieren. Die feingewürfelte Schalotte im Olivenöl glasig dünsten. Vom Herd nehmen und mit dem Couscous vermischen. Die Tomate quer halbieren, die Kerne entfernen, das Fruchtfleisch würfeln, die Lauchzwiebel in feine Ringe schneiden. Beides zum Couscous geben. Die gehackte Petersilie zufügen, salzen und pfeffern. Die Mischung in die Paprika füllen. Joghurt und Reibkäse vermischen, über die Paprika geben und in einer kleinen Auflaufform bei 180 Grad im Ofen 15 Minuten überbacken.

Zwischendurch

150 kcal, 3 g Fett

1 TL saure Sahne
2 TL Zitronensaft, 1 TL Honig
Salz, Pfeffer
120 g Sellerie, 1 Apfel
1 TL gehackte Walnüsse

Saure Sahne mit Zitronensaft, Honig, Salz und Pfeffer verrühren. Sellerie und Apfel raspeln und mit den Walnüssen und der Salatsauce vermischen.

ABENDESSEN

Grüne Bohnensuppe mit Lamm

285 kcal, 10 g Fett Foto

80 g Lammfilet, 1 Chilischote,
1/2 TL Öl, 250 ml Lammfond
1 Kartoffel, 150 g grüne Bohnen
1 kleine Zwiebel, Thymian, Salz

Die Chilischote in feine Ringe schneiden, im Öl anrösten, das gewürfelte Lammfilet zufügen und kräftig anbraten, salzen. Herausnehmen und in Folie wickeln. Die Zwiebel abziehen, grob würfeln und im Topf andünsten, mit dem Lammfond ablöschen. Die Kartoffel schälen, würfeln und zufügen. 10 Minuten kochen lassen, die Bohnen dazugeben, mit Thymian würzen und weitere 10 Minuten garen. Lammfleisch zugeben und nochmals 5 Minuten kochen lassen.

Tip

Einladung zum Geschäftsessen oder Grillparty? Nicht absagen! Schließlich passen Salate, magere Steaks und viel Gemüse gut zu Ihrer Leichtdiät. Und damit Sie abends nicht zu sehr aufs Fett achten müssen, verzichten Sie mittags ganz darauf und genießen lieber einen lecker-leichten Obstsalat.

9. TAG

1090 KCAL, 27 G FETT

FRÜHSTÜCK

Früchtemüsli

265 kcal, 6 g Fett

1 EL Früchte-Müsli
1 Becher fettarmer Joghurt (150 g)
Vanille-Essenz
Zimt
1/2 Banane
1 Kiwi

Das Müsli in eine Schale geben. Joghurt mit etwas Vanille-Essenz und Zimt verrühren, über das Müsli geben und etwas quellen lassen. Die Banane und die geschälte Kiwi in Scheiben schneiden und auf dem Müsli verteilen.

Zwischendurch

160 kcal, 2 g Fett

200 ml ungezuckerter Multi-Vitaminsaft
1 Kiwi
3 EL Instant-Haferflocken

Vitaminsaft mit der Kiwi pürieren, dann die Haferflocken einrühren.

MITTAGESSEN

Gemüsespaghetti Foto

390 kcal, 7 g Fett

80 g Spaghetti
1 Zucchino
1 Möhre
1/2 l Gemüsebrühe
1 EL geriebener Parmesan
frische Kräuter

Die Spaghetti nach Packungsanweisung kochen. Den Zucchino und die Möhre waschen, putzen, in dünne Scheiben und dann in Streifen schneiden. In der kochenden Gemüsebrühe 3 Minuten blanchieren. Mit den Spaghetti vermischen und mit Parmesan und Kräutern bestreuen.

Zwischendurch

70 kcal, 1 g Fett

1/4 l Tomatensaft
1 Knäckebrötchen

ABENDESSEN

Eichblattsalat mit Austernpilzen

205 kcal, 11 g Fett

1/2 Eichblattsalat
1 Scheibe magerer Schinken
1/2 TL Öl
200 g Austernpilze
Olivenöl
Salz
Pfeffer
1 TL Senf
2 EL Gemüsebrühe
frische Kräuter

Salat putzen, waschen, abtropfen lassen und zerkleinern. Den Schinken würfeln und in einer beschichteten Pfanne im Öl braten. Herausnehmen und auf Küchenkrepp legen. Die Austernpilze putzen, in mundgerechte Stücke schneiden, mit wenig Olivenöl einpinseln, in der Pfanne anbraten. Mit Salz und Pfeffer würzen, mit den Schinkenwürfeln auf dem Salat anrichten. Aus Senf, Brühe, Pfeffer und den frischen Kräutern eine Marinade rühren und über den Salat geben.

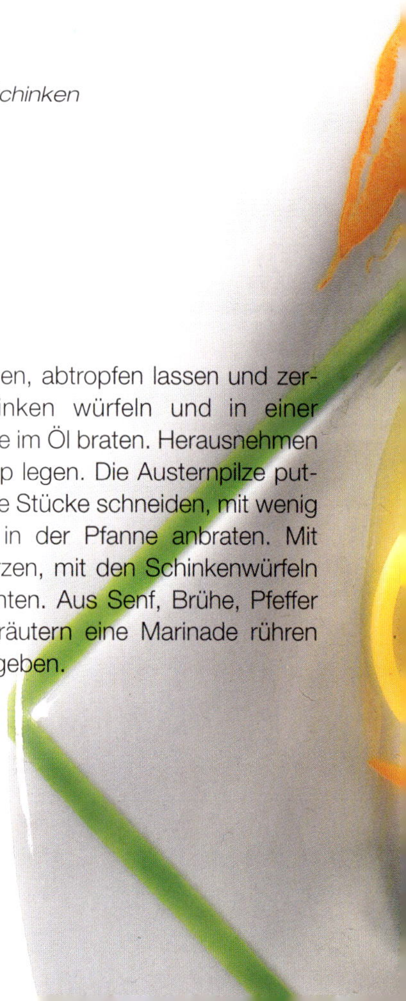

Tip

Pro Tag 2 Tassen Matetee bremsen den Appetit. Morgens nur kurz ziehen lassen. Dann macht er munter. Abends den Matetee länger ziehen lassen. So ist er aromatischer und putscht den Kreislauf nicht auf.

10. TAG

CA. 1015 KCAL, 29 G FETT

FRÜHSTÜCK

Radieschenbrötchen

190 kcal, 2 g Fett

1 Vollkornbrötchen
2 gehäufte EL Hüttenkäse
1/2 Bund Radieschen
Salz
Pfeffer
Schnittlauch

Das Brötchen halbieren und mit dem Hüttenkäse bestreichen. Die Radieschen in Scheiben schneiden und das Brötchen damit belegen. Mit Salz und Pfeffer würzen und mit Schnittlauchröllchen bestreuen.

Zwischendurch

155 kcal, 3 g Fett

1 Becher fettarme Dickmilch (200 g)
Süßstoff
Zimt
2 EL Mehrkornflocken

Dickmilch mit wenig Süßstoff und Zimt verrühren, dann die Mehrkornflocken daruntermischen.

MITTAGESSEN

Gemüsetortilla Foto

270 kcal, 11 g Fett

1 kleines Ei
3 EL fettarme Milch
1 TL Speisestärke
Salz, Muskat
150 g gemischtes Gemüse nach Belieben
1/2 TL Öl
1 TL geriebener Parmesan

Das Ei mit Milch und Speisestärke verrühren, mit Salz und Muskat würzen. Das gemischte, kleingeschnittene Gemüse kurz in kochendem Wasser blanchieren. Herausnehmen, abtropfen lassen und mit dem Teig vermischen. Das Öl in einer beschichteten Pfanne erhitzen, den Teig hineingeben. Mit Parmesan bestreuen und zugedeckt stocken lassen.

Zwischendurch

155 kcal, 3 g Fett

300 g Blumenkohl
1 EL Balsamico-Essig
2 EL Brühe, 1/2 TL Öl
Salz, Pfeffer

Den Blumenkohl in Röschen zerteilen. Essig, Brühe, Öl, Salz und Pfeffer verrühren und über den Blumenkohl geben.

ABENDESSEN

Endiviensalat mit Hühnerleber

245 kcal, 10 g Fett

2 Hühnerlebern
1/2 TL Butter
Salz, Pfeffer
1/4 Kopf Endiviensalat
1 Tomate
1 Schalotte
1/2 TL Olivenöl
1 TL Essig
2 EL Brühe

Die Hühnerlebern waschen, trockentupfen und in der Butter braten. Auf Küchenkrepp legen, salzen und pfeffern. Den Salat putzen, waschen, abtropfen lassen und in feine Streifen schneiden. Die Tomate würfeln. Mit den Hühnerlebern auf dem Salat anrichten. Die Schalotte fein würfeln und im Öl glasig dünsten. Abkühlen lassen, mit Essig, Brühe, Salz und Pfeffer mischen und über den Salat geben.

Tip

Bei beschichteten Pfannen genügt es, wenn Sie den Boden ganz dünn und gleichmäßig mit wenig Fett einpinseln.

11. TAG

CA. 1015 KCAL, 28 G FETT

FRÜHSTÜCK

Kraftbrot

115 kcal, 6 g Fett

1 Scheibe Vollkornbrot
1 TL Senf
1 Scheibe Corned Beef
1 Gewürzgurke
Salz
Pfeffer

Das Brot toasten und mit Senf bestreichen. Mit Corned Beef und der in Scheiben geschnittenen Gurke belegen und mit Salz und Pfeffer würzen.

Zwischendurch

150 kcal, 4 g Fett

150 g Feldsalat
1 EL Kräuteressig
2 EL Gemüsebrühe
1/2 TL Nußöl
1 Scheibe Knäckebrot

Den Salat waschen und verlesen. Essig, Gemüsebrühe und Öl verrühren und über den Salat gießen. Das Knäckebrot zerbröseln und über den Salat streuen.

MITTAGESSEN

Gemüsepizza

425 kcal, 11 g Fett

2 Tomaten
100 g Champignons
2 Artischockenherzen (Glas)
1 Scheibe magerer gekochter Schinken
1 TK-Fertigpizzaboden (20 cm Durchmesser)
1 EL geriebener Schnittkäse

Die Tomaten waschen und grob würfeln. Champignons putzen, waschen, in Scheiben schneiden. Artischockenherzen vierteln. Den Schinken zusammen mit dem Gemüse auf dem Pizzaboden verteilen. Mit geriebenem Käse bestreuen und im vorgeheizten Backofen bei 200 Grad 20 Minuten backen.

Zwischendurch

150 kcal, 1 g Fett

250 g Süßkirschen

ABENDESSEN

Brokkolisuppe mit Krabben Foto

175 kcal, 6 g Fett

50 g Brokkoli
1/4 l Gemüsebrühe
2 EL saure Sahne
Salz
Cayennepfeffer
50 g Krabben
Dill

Brokkoli putzen, waschen und in Röschen zerteilen. In der Gemüsebrühe 15 Minuten garen. Die Hälfte des Brokkoli mit der Brühe pürieren, saure Sahne unterrühren und mit Salz und Cayennepfeffer würzen. Die restlichen Röschen zusammen mit den Krabben in die Suppe geben und erhitzen. Mit gehacktem Dill bestreuen.

Tip

Viel Mineralwasser trinken, am besten 2 Liter jeden Tag. Das erfrischt Sie und dämpft Ihren Appetit. Außerdem enthält gutes Mineralwasser viele Fitmacher. Vergleichen Sie die Analysewerte auf den Etiketten der Flaschen. Je mehr Magnesium (Mg) und Kalzium (Ca) drinstecken, desto besser.

12. TAG

CA. 1050 KCAL, 32 G FETT

FRÜHSTÜCK

Porridge Foto

235 kcal, 4 g Fett

1/8 l Milch
3 EL Haferflocken
1 TL Honig, Zimt
1 Birne

Milch mit den Haferflocken aufkochen. Honig und etwas Zimt einrühren und mit der in Scheiben geschnittenen Birne anrichten.

Zwischendurch

140 kcal, 2 g Fett

1 kleiner Apfel, 1 Kiwi
1 Mandarine
1 TL Honig
1 TL gehackte Walnüsse

Die Früchte zerkleinern und mit dem Honig und den Nüssen vermischen.

Mittagessen

Möhrenrisotto

265 kcal, 9 g Fett

1 TL Sonnenblumenkerne
1 Lauchzwiebel, 1 Knoblauchzehe
1 Scheibchen Ingwerwurzel, 2 Möhren
1 TL Sonnenblumenöl
4 EL Naturreis
100 ml Gemüsebrühe, 1 TL gehackte Petersilie

Die Sonnenblumenkerne in einer beschichteten Pfanne rösten, herausnehmen. Die Lauchzwiebel in Ringe schneiden, die Knoblauchzehe durchpressen, den Ingwer hacken. Die Möhren schälen und fein würfeln. Das Öl in einer beschichteten Pfanne erhitzen, alle Zutaten außer den Sonnenblumenkernen zusammen mit dem Naturreis darin glasig dünsten. Die Gemüsebrühe zugießen, aufkochen und den Risotto bei geringer Hitze 25 Minuten ausquellen lassen. Mit Sonnenblumenkernen und Petersilie bestreut servieren.

Zwischendurch

150 kcal, 3 g Fett

1 kleine Paprika
1 Fenchelknolle
1 Chicorée
3 EL Magerquark
Salz, Pfeffer
Curry oder Knoblauch

Gemüse in Stücke schneiden. Magerquark mit etwas Mineralwasser glattrühren und mit Salz, Pfeffer, Curry oder Knoblauch würzen. Als Dip zum Gemüse reichen.

ABENDESSEN

Wirsingtopf

260 kcal, 11 g Fett

80 g Rinderfilet
1 TL Öl
1 kleine Möhre
1 kleines Stück Sellerie
2 Lauchzwiebeln
1/4 kleingeschnittener Wirsingkohl
Kümmel, Salz, Pfeffer
1/4 l Rinderbrühe
1 TL Schnittlauchröllchen

Das gewürfelte Rinderfilet im heißen Öl in einem Topf anbraten. Herausnehmen und in Alufolie wickeln. Möhre, Sellerie und Lauchzwiebeln putzen, waschen und kleinschneiden. In den Topf geben und kurz andünsten. Den kleingeschnittenen Wirsingkohl zufügen, mit etwas Kümmel, Salz und Pfeffer würzen und mit der Rinderbrühe ablöschen. 15 Minuten köcheln lassen. Die Filetwürfel zugeben und weitere 5 Minuten köcheln lassen. Mit dem Schnittlauch bestreut servieren.

Tip

Kleiner Durchhänger? Eine Bürstenmassage hilft, den Kreislauf wieder in Schwung zu bringen. Oder steigen Sie aufs Fahrrad, gehen Sie schwimmen, machen Sie Gymnastik. Das fördert die Verbrennung und baut Muskeln auf. Und Sie fühlen sich wohl, weil Ihr Körper bei viel Bewegung Glückshormone (Endorphine) produziert.

13. TAG

CA. 1125 KCAL, 30 G FETT

FRÜHSTÜCK

Tomatenrührei

215 kcal, 7 g Fett

1 kleines Ei,
1 TL fettarme Milch
1 Tomate
1 Scheibe Vollkornbrot
frische, gehackte Kräuter

Ei und Milch verquirlen und in einer beschichteten Pfanne unter Rühren stocken lassen. Die Tomate waschen, in Scheiben schneiden und auf das Vollkornbrot legen. Das Rührei daraufgeben und mit Kräutern bestreuen.

Zwischendurch

145 kcal, 3 g Fett

2 Vollkornzwieback
2 TL saure Sahne
1/2 Banane, 1/2 TL Honig

Zwieback mit saurer Sahne bestreichen. Die Banane in Scheiben schneiden, darauf verteilen und mit dem Honig beträufeln.

MITTAGESSEN

Geflügel-Gemüse-Pfanne Foto

375 kcal, 8 g Fett

1 Scheibe frische Ingwerwurzel
1 Knoblauchzehe, 3 EL Sojasauce
100 g Hühnerbrust
1 kleine Möhre, 1 Stück Lauch (ca. 10 cm)
50 g Mungosprossen
1 TL Öl
3 EL Basmatireis

Ingwer und Knoblauch fein würfeln und mit der Sojasauce vermischen. Die Hühnerbrust in Streifen schneiden und 1/2 Stunde darin marinieren. Die Möhre schälen und in feine Stifte, den Lauch in feine Ringe schneiden. Die Mungosprossen abbrausen. Öl in einer Pfanne erhitzen und die Hühnerbrust unter ständigem Rühren darin anbraten. Mit der Marinade ablöschen. Möhre und Lauch zufügen und 10 Minuten mitdünsten. Zum Schluß die Sprossen untermischen. Den Reis nach Packungsaufschrift kochen und dazu reichen.

Zwischendurch

150 kcal, 3 g Fett

1 EL weiße Bohnen (Dose)
Salz, Pfeffer, Kräuter
4 Pumpernickel-Taler
1 TL Tomatenmark
1 Gewürzgurke

Bohnen zerdrücken und mit Salz, Pfeffer und Kräutern abschmecken. 2 Taler mit dem Bohnenpüree, 1 Taler mit dem Tomatenmark bestreichen. Aufeinandersetzen und mit dem vierten Taler zudecken. Dazu die Gewürzgurke essen.

ABENDESSEN

Tomaten-Zucchini-Auflauf

240 kcal, 9 g Fett

100 g Magerquark
1 kleines Ei
Salz, Pfeffer, Oregano
1 Zucchino
1/4 TL Öl
2 Tomaten, 1 EL geriebener Käse

Quark mit dem Ei verquirlen und mit Salz, Pfeffer und Oregano würzen. Zucchino raffeln und unter den Quark heben. Masse in eine mit wenigen Tropfen Öl ausgefettete Auflaufform geben. Die Tomaten in Scheiben schneiden und darauf verteilen. Mit Käse bestreuen und bei 200 Grad im Ofen 20 Minuten backen.

Tip

Schneiden Sie beim Hähnchen die Haut ab, denn daran sitzt die Fettschicht. So können Sie bei einer Hühnerbrust 10 g Fett sparen und bei einer Keule sogar 13 g Fett.

14. TAG

CA. 1145 KCAL, 30 G FETT

FRÜHSTÜCK

Beerenquark

245 kcal, 4 g Fett

1/2 Becher Magerquark (125 g)
1 TL Vanillezucker
100 g TK-Beerenfrüchte
1 TL gehackte Pistazien, 80 ml Mineralwasser

Quark mit Mineralwasser und dem Vanillezucker glattrühren. Mit den Beeren verrühren und mit den Pistazien bestreuen.

Zwischendurch

140 kcal, 2 g Fett

200 g Salatgurke
1/2 Becher Hüttenkäse
Salz, Pfeffer, Knoblauch
1 Scheibe Vollkornknäcke

Gurke schälen, raspeln, mit dem Hüttenkäse vermischen, mit Salz, Pfeffer und Knoblauch abschmecken. Das Knäckebrot dazu essen.

MITTAGESSEN

Lasagne mit Gemüse

415 kcal, 14 g Fett

2 Lasagneplatten (Fertigprodukt)
70 g mageres Rinderhackfleisch
1 Schalotte, 1/2 TL Butter
200 g TK-Blattspinat
100 g fettarmer Joghurt
1 EL geriebenen Gouda
Oregano
Öl

Die Lasagneplatten 6 Minuten in Salzwasser kochen. Herausnehmen, abkühlen lassen und halbieren. Das Rinderhackfleisch mit der gehackten Schalotte in der Butter anbraten. Den aufgetauten Blattspinat zugeben und mitdünsten. Den Joghurt mit Gouda und Oregano mischen. In eine kleine, ausgefettete Auflaufform eine Platte Lasagne legen. Die Hälfte der Spinat-Hackfleisch-Masse daraufgeben, darüber die Hälfte der Joghurtmischung verteilen. Eine Platte Lasagne drauflegen, mit der restlichen Spinat-Hackfleisch- und Joghurtmischung abschließen. Die Lasagne bei 200 Grad im Ofen 20 Minuten überbacken.

Zwischendurch

150 kcal, 3 g Fett

1 TL saure Sahne
Zitronensaft, 1/2 TL Honig
Salz, Pfeffer
120 g Sellerie
1 Apfel, 1 TL gehackte Walnüsse

Saure Sahne mit Zitronensaft, Honig, Salz und Pfeffer verrühren. Sellerie und Apfel reinraspeln, mit Walnüssen und der Salatsauce vermischen.

ABENDESSEN

Salat mit Zanderfilet Foto

195 kcal, 7 g Fett

100 g Zanderfilet
1/2 TL Öl
Salz, Pfeffer
1/2 Kopf Lollo Rosso
20 g Rucola, 1 Tomate
3 Radieschen, 1 Möhre
1 EL Zitronensaft
1/2 TL Kürbiskernöl, 2 EL Brühe

Zanderfilet in feine Streifen schneiden und im Öl anbraten. Mit Salz und Pfeffer würzen. Salat und Gemüse waschen. Tomate halbieren, entkernen und würfeln. Radieschen und Möhre in dünne Scheiben oder Streifen schneiden. Alles in einer Salatschüssel mit einer Salatsauce aus Zitronensaft, Kürbiskernöl und Brühe vermischen.

Ihr Body-Styling-Programm: Taille und Hüfte

„Twisten" – also „drehen" – macht Taille und Hüften straffer und elastischer. Und damit bekommen Sie auch einen schöneren, schwungvolleren Gang. Für das Warm-up das Becken im Sprung erst zur linken, dann zur rechten Seite drehen. 20-30mal wiederholen. Bei allen Übungen ruhig und rhythmisch ein- und ausatmen.

Tip

Bratfett immer erst in der Pfanne heiß werden lassen, bevor Sie Fleisch, Fisch oder Gemüse hineingeben. So schließen sich die Poren blitzartig und nichts kann sich mit Fett vollsaugen.

15. TAG

CA. 1125 KCAL, 25 G FETT

FRÜHSTÜCK

Tomaten-Pumpernickel

260 kcal, 5 g Fett

2 Pumpernickel
2 Scheiben Lachsschinken
2 EL Magerquark
Salz
Pfeffer
1 kleine Tomate
1/2 Bund Schnittlauch

Pumpernickel mit Lachsschinken belegen und mit gesalzenem und gepfeffertem Magerquark bestreichen. Darauf die kleine, gewürfelte Tomate verteilen. Mit Schnittlauchröllchen bestreuen.

Zwischendurch

120 kcal, 1 g Fett

2 Reiswaffeln
2 EL gewürzter Magerquark
2 Möhren

Die Reiswaffeln mit dem Magerquark bestreuen. Dazu die Möhren knabbern.

MITTAGESSEN

Gemüseplatte Foto

285 kcal, 9 g Fett

3 Möhren
150 g Brokkoli
1 Fenchelknolle
3 Lauchzwiebeln
1/4 l Gemüsebrühe
1 TL Olivenöl
30 g Feta (40 % Fett i.Tr.)

Gemüse putzen, waschen, wenn nötig schälen und in mundgerechte Stücke schneiden. Die Gemüsebrühe zum Kochen bringen, einen Dämpfeinsatz in den Topf stellen und das Gemüse darauf in etwa 10 Minuten bißfest garen. Die restliche Gemüsebrühe für den Nachmittagsimbiß aufbewahren. Eine feuerfeste Form mit dem Olivenöl auspinseln, das Gemüse hineingeben, mit dem zerbröselten Käse bestreuen und bei 250 Grad im Ofen kurz überbacken.

Zwischendurch

100 kcal, 2 g Fett

Gemüsebrühe (vom Mittagessen)
100 ml Gemüsesaft
2 EL Instant-Haferflocken
1 Scheibe Sesam-Knäckebrot

Die kalte Gemüsebrühe mit dem Gemüsesaft aufgießen und mit den Haferflocken im Mixer vermischen. Dazu das Knäckebrot essen.

ABENDESSEN

Minestrone

360 kcal, 8 g Fett

1/2 rote Paprikaschote
1 kleine Zwiebel
1 kleiner Zucchino
1 Tomate
1 TL Olivenöl
1 Zweig frischer Oregano
1/4 l Gemüsebrühe
4 EL weiße Bohnen (Dose)
1/2 EL geriebener Parmesan
1 Stück Vollkornbaguette (ca. 50 g)

Das Gemüse würfeln. Paprikaschote und Zwiebel im Olivenöl andünsten. Zucchini- und Tomatenwürfel zugeben, mit Oregano würzen. Mit der Gemüsebrühe aufgießen. Die Bohnen zufügen und die Suppe langsam köcheln lassen. Mit Parmesan bestreuen und mit dem Vollkornbaguette servieren.

1

2

3

4

1. In der Grätsche die Arme seitlich austrecken. Oberkörper beugen. Während der rechte Arm zum linken Fuß greift, schwingt der linke Arm nach oben. Im raschen Wechsel 20-30mal – so wie alle Übungen hier.

2. Im Grätschstand bleiben, die Knie leicht beugen. Arme hinter dem Kopf verschränkt halten. Oberkörper im raschen Wechsel erst zur linken, dann zur rechten Seite beugen.

3. In der gleichen Position bleiben, Beine strecken. Den Oberkörper im Wechsel zur rechten, dann zur linken Seite drehen.

4. Gleiche Position. Hände an die Hüften. Das Becken zur linken, dann zur rechten Seite schieben.

Tip

Stress im Job oder zu Hause? Dann ist es sinnvoll, zu Nahrungsmitteln zu greifen, in denen besonders viel Power steckt. Wahre Nährstoff-Wunder sind zum Beispiel Kohlgemüse wie Brokkoli und Wirsing, aber auch grüne Blattgemüse wie Spinat und Mangold.

16. TAG

CA. 1210 KCAL, 29 G FETT

FRÜHSTÜCK

Frischkornmüsli

295 kcal, 2 g Fett

1 EL Weizenkörner
1 kleiner Apfel, 1/2 Birne
1 Nektarine
2 EL Magerquark
1 TL Honig

Die Weizenkörner schroten. Wasser zugeben und über Nacht im Kühlschrank quellen lassen.
Den Apfel und die Birne schälen und grob raffeln. Das Nektarinenfruchtfleisch würfeln. Mit Quark, Honig und dem vorbereiteten Weizenschrot mischen.

Zwischendurch

150 kcal, 1 g Fett

2 Scheiben Vollkornknäcke
2 EL Magerquark
1 TL Honig
2 frische Feigen

Knäckebrote mit Quark bestreichen, den Honig darüberträufeln und mit den geviertelten Feigen belegen.

MITTAGESSEN

Dinkel-Gemüse-Eintopf Foto

340 kcal, 10 g Fett

60 g Dinkelkörner
3/8 l Gemüsebrühe
1 Möhre, 2 Selleriestangen
2 Schalotten
1 ½ TL Olivenöl
frische, gehackte Kräuter
2 TL geriebener Parmesan

Dinkelkörner in 1/8 l Brühe garen. Möhre und Selleriestangen in Scheiben schneiden. Mit den gehackten Schalotten im Öl andünsten. Mit 1/4 l Gemüsebrühe aufgießen und 10 Minuten garen. Dinkel zufügen und mit Kräutern und Parmesan bestreuen.

Zwischendurch

135 kcal, 10 g Fett

1 Becher fettarmer Joghurt
1 TL Honig
2 EL Weizenkleie
abgeriebene Schale einer unbehandelten Zitrone

Joghurt, Honig und Kleie verrühren und mit etwas Zitronenschale abschmecken.

ABENDESSEN

Tomaten-Bohnen-Salat mit Quinoa

290 kcal, 6 g Fett

60 g Quinoa (hirseähnliches Korn)
100 g Kenia- oder Prinzeßbohnen
1/8 l Gemüsebrühe
6 Kirschtomaten
1 Lauchzwiebel
2 TL Olivenöl
1 EL Weißweinessig
frisch gehacktes Bohnenkraut

Quinoa in Salzwasser etwa 20 Minuten garen, abgießen und abkühlen lassen. Die Bohnen in der Gemüsebrühe 10 Minuten garen. Die Kirschtomaten halbieren, Lauchzwiebel in feine Streifen schneiden. Olivenöl mit 2 Eßlöffel Gemüsebrühe, Weißweinessig und etwas Bohnenkraut verrühren. Quinoa und Gemüse in eine Schüssel geben und mit der Salatsauce mischen.

Tip

Quinoa, auch Inka-Getreide genannt, ist ein kleines, weißes, hirseähnliches Korn, das Sie im Naturkostladen oder im Reformhaus kaufen können.

17. TAG

CA. 1185 KCAL, 24 G FETT

FRÜHSTÜCK

Traubenmilchreis Foto

320 kcal, 3 g Fett

3 EL Milchreis
100 ml fettarme Milch
1 TL Vanillezucker
125 g Trauben oder andere frische Früchte der Saison

Den Reis in der Milch kochen. Vanillezucker und Früchte unterheben.

Zwischendurch

145 kcal, 2 g Fett

100 ml fettarme Milch
2 EL Rice-Crispies
2 EL TK-Himbeeren
1 TL Honig

Alle Zutaten im Mixer pürieren.

MITTAGESSEN

Chinesische Gemüsesuppe

345 kcal, 5 g Fett

120 g Viktoriabarsch-Filet
1 EL Zitronensaft
150 g Zuckererbsen
1 kleine rote Paprikaschote
300 ml Klare Brühe (Instant)
20 g Glasnudeln
schwarzer Pfeffer, Sojasauce
1 Prise Zitronengras
1 Bund Schnittlauch

Fisch waschen, trockentupfen, in Stücke schneiden und mit Zitronensaft beträufeln. Zuckererbsen und Paprika putzen und waschen. Paprika in dünne Streifen schneiden. Gemüse in der Brühe 5 Minuten garen, Glasnudeln zugeben, noch 2 Minuten köcheln lassen. Mit Pfeffer, Sojasauce und Zitronengras abschmecken und mit Schnittlauchröllchen bestreuen.

Zwischendurch

140 kcal, 1 g Fett

2 Reiswaffeln
2 EL Hüttenkäse

ABENDESSEN

Brokkoli-Reis-Salat

235 kcal, 13 g Fett

200 g Brokkoli
1 kleine Zwiebel
1 TL Olivenöl
1 Prise Chilipfeffer
1/4 l Gemüsebrühe
1 Scheibe fettarmer Gouda
1/2 TL Öl
1 EL Kräuteressig
Kräutersalz
Pfeffer

Brokkoli waschen und in kleine Röschen zerteilen. Die Zwiebel würfeln und mit dem Brokkoli im Olivenöl andünsten. Mit Chilipfeffer würzen, Gemüsebrühe angießen und etwa 10 Minuten garen lassen. Abgießen, die Brühe dabei auffangen. Gemüse etwas abkühlen lassen, dann mit dem restlichen vorgekochten Reis (vom Mittagessen) vermischen. Den Käse würfeln und zugeben. Öl mit 2 Eßlöffel Gemüsebrühe, Kräuteressig, etwas Kräutersalz und Pfeffer zu einer Marinade verrühren und mit dem Salat mischen.

Tip

Naturreis und Parboiled Reis sind gut für Figur und Fitness, denn sie stecken voller wichtiger Aktivstoffe und haben ein besonders günstiges Verhältnis von Natrium zu Kalium. Und das ist gut gegen unschöne Wasseransammlungen im Gewebe.

18. TAG

CA. 1195 KCAL, 28 G FETT

FRÜHSTÜCK

Vollkornbrötchen mit Kräuterquark

210 kcal, 4 g Fett

1 Becher Magerquark (250 g)
Paprikapulver
Cayennepfeffer
frische, gehackte Kräuter
1 TL Kräuter-Crème-fraîche
1 Vollkornbrötchen
1 Tomate
1/2 grüne Paprikaschote

Quark mit Gewürzen, Kräutern und Crème fraîche vermischen. Die Hälfte davon auf das Brötchen streichen und mit der Tomate und der Paprikaschote anrichten.

Zwischendurch

155 kcal, 2 g Fett

Restlicher Kräuterquark (vom Frühstück)
je 1/2 rote und grüne Paprikaschote

MITTAGESSEN

Kartoffeltortilla

410 kcal, 14 g Fett

600 g Kartoffeln (für mittags, nachmittags und abends vorkochen)
2 Lauchzwiebeln
1/2 rote Parika
1 ½ TL Sonnenblumenöl
1 kleines Ei
2 EL entrahmte Dickmilch
Salz
Pfeffer
2 EL gehackte Petersilie

Alle Kartoffeln kochen. 250 g Kartoffeln in Scheiben schneiden (die restlichen für den Nachmittagsimbiß und das Abendessen aufheben). Lauchzwiebeln und Paprika würfeln. 1 ½ EL in einer beschichteten Pfanne erhitzen. Die Kartoffelscheiben auf beiden Seiten darin braten. Ei mit Dickmilch, Salz, Pfeffer und Petersilie verquirlen, über die Kartoffeln gießen und stocken lassen.

Zwischendurch

90 kcal, 1 g Fett

100 g vorgekochte Kartoffeln (vom Mittagessen)
250 ml Gemüsebrühe
1 TL frischer Thymian

Kartoffeln pellen und würfeln. In der Gemüsebrühe warm werden lassen und mit Thymian bestreut servieren.

ABENDESSEN

Kartoffel-Möhren-Salat Foto

330 kcal, 7 g Fett

3 Möhren
250 ml Gemüsebrühe
4 EL Vollmilch-Joghurt
1 TL Keimöl
Pfeffer, Selleriesalz
1/2 Bund Schnittlauch
restliche vorgekochte Kartoffeln
frische Salatblätter

Möhren schälen, in Scheiben schneiden, in einen Dämpfeinsatz geben und über der kochenden Gemüsebrühe 8 Minuten garen. Gemüse herausnehmen und abkühlen lassen. 2 EL Brühe mit Joghurt, Öl, Pfeffer und Selleriesalz verrühren. Schnittlauchröllchen untermischen. Die vorgekochten Kartoffeln pellen, in Scheiben schneiden und mit den Möhrenscheiben auf einigen frischen Salatblättern anrichten. Die Sauce über den Salat geben.

Tip

Kartoffeln enthalten reichlich Magnesium, Kalium, Vitamin B6 und Vitamin C. Damit die gesunden Inhaltsstoffe nicht verloren gehen, Kartoffeln am besten mit der Schale in wenig Wasser oder im Dämpfeinsatz garen.

19. TAG

CA. 1130 KCAL, 30 G FETT

FRÜHSTÜCK

Orange-Bananen-Drink

310 kcal, 4 g Fett

1 kleine Banane
3 EL Instant-Haferflocken
1/2 TL Honig
100 ml fettarmer Joghurt
100 ml Orangensaft

Banane, Haferflocken, Honig und Joghurt im Mixer pürieren. Mit Orangensaft vermischen.

Zwischendurch

90 kcal, 3 g Fett

1/2 Salatgurke
150 g fettarmer Joghurt
100 ml Mineralwasser
Salz
Pfeffer
gehackter Dill

Gurke schälen, mit Joghurt, Mineralwasser, Salz und Pfeffer im Mixer pürieren. Mit Dill bestreuen.

MITTAGESSEN

Asiatische Reispfanne Foto

285 kcal, 11 g Fett

100 g Shitake-Pilze
1 Möhre
2 Frühlingszwiebeln
2 TL Sonnenblumenöl
50 g Naturreis
1 EL trockener Sherry
50 ml Gemüsebrühe
Sojasoße
3 Petersilien- oder Korianderstengel

Die Shitake-Pilze putzen und in Streifen schneiden, die Möhre schälen und grob raspeln, die Frühlingszwiebeln waschen und in dünne Ringe schneiden. Das Öl in einer Pfanne erhitzen, die Pilze scharf anbraten, dann das Gemüse und den Reis zufügen, mit Sherry und Gemüsebrühe ablöschen und mit etwas Sojasauce würzen. Petersilien- oder Korianderstengel hacken und darüberstreuen.

Zwischendurch

165 kcal, 2 g Fett

100 g frische oder TK-Beeren
200 ml Buttermilch
1 EL Instant-Haferflocken
1 El Corn Flakes

Beeren mit Buttermilch und Haferflocken im Mixer pürieren. Die Corn Flakes unterrühren.

ABENDESSEN

Tomaten mit Röstbrot

280 kcal, 10 g Fett

1 Knoblauchzehe
1 TL Olivenöl
2 Fleischtomaten
1/4 l Brühe
1 EL Kräuter-Crème-fraîche
frisches Basilikum
1 Vollkorn-Brötchen

Knoblauchzehe abziehen, durchdrücken und in 1/2 Teelöffel Olivenöl andünsten. Die Tomaten mit kochendem Wasser überbrühen, häuten, würfeln. Mitsamt dem Saft und der Brühe zum Knoblauch geben, erhitzen. 10 Minuten köcheln lassen. Mit der Crème fraîche und gehacktem Basilikum verfeinern. Das Vollkorn-Brötchen halbieren, anrösten und mit dem restlichen Olivenöl beträufeln. Zur Suppe reichen.

Tip

Unterwegs und wenig Gelegenheit, ausreichend zu trinken? Dann nehmen Sie Obst oder rohes Gemüse (z.B. ein paar Möhren) mit. Darin steckt viel Flüssigkeit.

20. TAG

CA. 1285 KCAL, 28 G FETT

FRÜHSTÜCK

Früchtemüsli

300 kcal, 5 g Fett

2 EL Früchte-Vollkorn-Müsli
125 g frische Früchte der Saison
100 ml Dickmilch
1 El Branflakes

Müsli mit den Früchten mischen. Mit Dickmilch übergießen und mit Branflakes bestreuen.

Zwischendurch

130 kcal, 2 g Fett

100 g fettarmer Joghurt
1 kleine Banane
100 ml Mineralwasser
1/2 TL Honig
1 Prise Zimt

Alle Zutaten im Mixer vermischen

MITTAGESSEN

Früchtepfannkuchen Foto

415 kcal, 13 g Fett

3 EL Vollkornmehl
80 ml Mineralwasser
1 Prise Salz
1 kleines Ei
200 g gemischte Früchte der Saison
1 EL Vanillezucker
1/2 TL Sonnenblumenöl
1 TL Kokosflocken

Vollkornmehl mit Mineralwasser, Salz und dem Ei verrühren. 20 Minuten ruhen lassen. Die Früchte kleinschneiden und mit dem Vanillezucker bestreuen. Eine beschichtete Pfanne mit Öl einpinseln, erhitzen und den Teig hineingeben. Die Pfanne dabei etwas schwenken. Wenn die Unterseite gebacken ist, den Pfannkuchen wenden und fertigbacken. Auf einen Teller geben und mit den Früchten füllen. Kokosflocken darüberstreuen.

Zwischendurch

130 kcal, 3 g Fett

1 Papaya
1 Scheibe Lachsschinken

Papaya in Spalten schneiden und mit dem Lachsschinken anrichten.

ABENDESSEN

Obstsalat

310 kcal, 5 g Fett

1 Zuckermelone
1 kleiner Pfirsich
100 g Brombeeren
1 El gehackte Haselnüsse
1 EL Honig
2 EL Orangensaft
Zitronenmelisse

Die Melone halbieren, die Kerne entfernen. Aus dem Fruchtfleisch kleine Kugeln ausstechen. Pfirsich kleinschneiden, Brombeeren waschen. Die Haselnüsse in einer beschichteten Pfanne rösten. Alles mischen. Honig mit Orangensaft vermischen, über die Früchte geben. Obst in die ausgehöhlte Melonenschale füllen und mit Zitronenmelisse bestreuen.

Tip

Wenn Sie die vorgeschlagenen Obstsorten nicht mögen oder Sie die Früchte nicht vertragen, können Sie auch die gleiche Menge einer anderen Sorte verwenden. Achten Sie aber auf Abwechslung, damit Sie möglichst die ganze Palette der Aktivstoffe bekommen.

21. TAG

CA. 1260 KCAL, 30 G FETT

FRÜHSTÜCK

Bunte Toastecken

210 kcal, 2 g Fett

2 Scheiben Vollkorntoast
1 EL Tomatenmark
1 Blatt Eissalat
1 Scheibe geräucherte Putenbrust
2 EL Hüttenkäse
1 Kiwi

Brot toasten. Eine Scheibe mit Tomatenmark bestreichen und mit dem Salatblatt und der Putenbrust belegen. Auf die andere Scheibe den Hüttenkäse häufeln und die in Scheiben geschnittene Kiwi darauf verteilen.

Zwischendurch

135 kcal, 1 g Fett

150 g Früchte der Saison
2 EL Hüttenkäse, 1 Prise Zimt

Früchte, Hüttenkäse und Zimt vermischen.

MITTAGESSEN

Spinat-Schinken-Lasagne

430 kcal, 15 g Fett

3 Lasagneblätter
100 g Spinat, 100 ml Gemüsebrühe
1 kleines Ei
1 TL geriebener Parmesan
100 g fettarmer Joghurt
1 Prise Oregano, Salz, Pfeffer
1/2 TL Olivenöl
1 Tomate
1 Scheibe Kochschinken

Lasagneblätter in Salzwasser 8 Minuten garen. Nudeln auf einem sauberen Küchentuch auslegen. Spinat in der Gemüsebrühe zusammenfallen, dann abtropfen lassen. Ei, Parmesan, Joghurt und Gewürze verrühren. Eine kleine feuerfeste Form mit Öl auspinseln. Die gewürfelte Tomate hineingeben und ein Lasagneblatt darauflegen. Mit einer halben Scheibe Kochschinken bedecken, die Hälfte des Spinats und 1 Eßlöffel der Joghurt-Ei-Mischung darauf verteilen. Den Vorgang mit dem zweiten Lasagneblatt, dem Rest des Schinkens und Spinats sowie 1 Eßlöffel der Joghurt-Ei-Mischung wiederholen. Mit einem Nudelblatt bedecken. Die restliche Joghurt-Ei-Mischung darübergeben und dann im Ofen bei 220 Grad 15 Minuten backen.

Zwischendurch

110 kcal, 1 g Fett

1/4 l Gemüsebrühe
1 EL Vollkorn-Suppennudeln
1 EL Schnittlauchröllchen

Gemüsebrühe zum Kochen bringen, die Nudeln einstreuen und nach Packungsaufschrift garen. Mit Schnittlauchröllchen bestreuen.

ABENDESSEN

Spaghetti mit Tomaten und Austernpilzen Foto

375 kcal, 11 g Fett

75 g Spaghetti
2 Tomaten
1 ½ TL Olivenöl, frisches Basilikum
100 g Austernpilze
1 ½ TL geriebener Parmesan

Spaghetti in Salzwasser nach Packungsanweisung garen. Tomaten mit kochendem Wasser überbrühen, häuten, entkernen und würfeln. Mit 1/2 TL Öl und frisch gehacktem Basilikum mischen. Austernpilze mit 1 TL Öl einpinseln und für einige Minuten unter den Grill legen. Nudeln abgießen, mit Tomatenwürfeln und den in mundgerechte Stücke geschnittenen Austernpilzen auf einen Teller legen und mit Parmesan bestreuen.

Tip

Wer anstelle von hellen Nudeln die Vollkorn-Variante bevorzugt, bekommt eine Extraportion Mineral- und Ballaststoffe ab.

Ihr Body-Styling-Programm: Bauch

Der Bauch jetzt flach – dafür schlaff? Von wegen! Mit jedem Millimeter, den der Rockbund jetzt lockerer wird, wird der Bauch straffer – und zwar total easy. Mit ein paar ganz simplen Übungen, mal mit, mal ohne Hanteln. Zum Auftakt erst einmal die Muskeln „auf-wecken“: In jede Hand eine Hantel nehmen. Die Arme vor dem Körper zu einem Kreis formen und mit den Gewichten kräftig nachfedern. 10-20mal wiederholen, dann die Richtung wechseln.

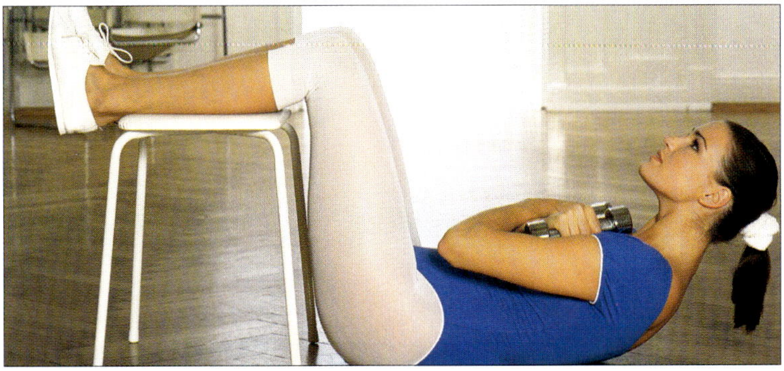

1

1. Auf den Rücken legen, Unterschenkel auf einem Hocker abstützen. Die Arme mit den Hanteln vor der Brust kreuzen, dabei beide Schultern heben, wieder zurück. 10-20mal.

2

2. Auf den Boden setzen, mit den Unterarmen aufstützen. Beine anziehen und 20-50mal von einer zur anderen Seiten rollen.

3

3. Auf den Rücken legen, Beine im 90 Grad-Winkel hochstrecken. Rechten Arm mit der Hantel zum linken Bein heben und umgekehrt. Dabei Schultern heben und senken. Wechseln. Je 10-20mal.

22. TAG

CA. 1115 KCAL, 26 G FETT

FRÜHSTÜCK

Honigbrötchen

290 kcal, 4 g Fett

1 Vollkornbrötchen
1 EL Magerquark
2 TL Honig
1 Pfirsich
1 TL Sonnenblumenkerne

Brötchen aufschneiden, mit Magerquark bestreichen und mit Honig beträufeln. Mit Pfirsichspalten belegen und mit Sonnenblumenkernen bestreuen.

Zwischendurch

50 kcal, 0 g Fett

Je 60 ml weißer Traubensaft, Kirschsaft, Orangensaft

MITTAGESSEN

Hühnerbrust mit rotem Pfeffer Foto

350 kcal, 10 g Fett

150 g Hühnerbrustfilet
2 TL Keimöl
Salz
Estragon
1 TL roter Pfeffer
100 g fettarmer Joghurt
2 Scheiben Baguette

Hühnerbrustfilet im Öl auf jeder Seite etwa 3 Minuten braten. Mit Salz, Estragon und rotem Pfeffer würzen. Den Joghurt zufügen und erhitzen. Mit den gerösteten Brotscheiben servieren.

Zwischendurch

150 kcal, 3 g Fett

1 kleine Paprika
1 Fenchelknolle
1 Chicorée
3 EL Magerquark
Salz, Pfeffer
Curry oder Knoblauch
80 ml Mineralwasser

Gemüse in Stücke schneiden. Quark mit Mineralwasser glattrühren und mit Salz, Pfeffer und Curry oder Knoblauch abschmecken. Als Dip zum Gemüse reichen.

ABENDESSEN

Tomatensalat mit Bulgur

275 kcal, 9 g Fett

2 EL Bulgur (Weizenart)
2 Tomaten
1 kleine Zwiebel
2 TL Weizenkeimöl
1 EL Zitronensaft
1 EL Gemüsebrühe
1 kleine grüne Paprika
1/2 Bund gehackte Petersilie
Salz
Pfeffer
1 Scheibe Baguette

Bulgur in 4 Eßlöffel heißem Wasser quellen lassen. Tomaten in Würfel schneiden. Saft auffangen und durchsieben. Die gewürfelte Zwiebel im Öl andünsten, abkühlen lassen und mit Tomatensaft, Zitronensaft, Gemüsebrühe vermischen. Die Paprika würfeln, mit den Tomatenwürfeln, dem Bulgur und der Petersilie mischen. Sauce über den Salat gießen und mit Salz und Pfeffer abschmekken. Mit dem Brot servieren.

Tip

Verwenden Sie für Salate kaltgepreßte Pflanzenöle, weil sie mehr Aromastoffe, gesunde Fettsäuren und Vitamine enthalten. Weizenkeimöl bietet besonders viel davon.

23. TAG

CA. 1200 KCAL, 28 G FETT

FRÜHSTÜCK

Früchtedickmilch

310 kcal, 3 g Fett

250 ml entrahmte Dickmilch
1 EL Honig
1 kleiner Pfirsich
1/2 Banane
1 Spritzer Zitronensaft
3 EL Haferkleie-Flocken

Alle Zutaten im Mixer verrühren. Mit einem dicken Strohhalm trinken.

Zwischendurch

50 kcal, 0,5 g Fett

100 g Aprikosen

MITTAGESSEN

Garnelenspieße Foto

370 kcal, 11 g Fett

1 Knoblauchzehe
1 Prise Salz
1 Prise gemahlener Kumin
1 TL Keimöl
8 gekochte Riesengarnelen (ca. 200 g)
1 Pfirsich
4 EL gekochter Reis

Die durchgedrückte Knoblauchzehe mit Salz, Kumin und Öl vermischen. Die Garnelen abwechselnd mit den in acht Stücke aufgeteilten Pfirsich auf zwei Spieße stecken. Mit der Paste bestreichen und in einer beschichteten Pfanne von beiden Seiten braten. Den vorgekochten Reis ebenfalls kurz in die Pfanne geben und den Spieß darauf servieren.

Zwischendurch

70 kcal, 1 g Fett

1/4 l Tomatensaft
1 Knäckebrot

ABENDESSEN

Bohnensalat-Sandwich

400 kcal, 12 g Fett

1 kleine rote Zwiebel
1 TL Olivenöl
1 TL Rotweinessig
1 EL Gemüsebrühe
4 Stengel Petersilie
Salz
Pfeffer
4 EL weiße Bohnen (Dose)
40 g Schafskäse
1 kleines Pitabrot

Zwiebel in Ringe schneiden und im Öl anrösten. Mit Essig, Gemüsebrühe, gehackter Petersilie, Salz und Pfeffer vermischen. Bohnen und zerbröckelten Schafskäse unterheben. Bohnensalat ziehen lassen und in das Pitabrot füllen.

Tip

Ebenso wie Meeresfrüchte können Sie auch Fleischspieße zubereiten: Hauchdünn mit Würzpaste oder Pflanzenöl einpinseln, dann kurz braten. Fettarmer geht's nicht.

24. TAG

CA. 1005 KCAL, 25 G FETT

FRÜHSTÜCK

Morgenrot-Drink

190 kcal, 1 g Fett

Je 100 ml Grapefruit- und Kirschsaft
200 ml Buttermilch
2 EL Haferflocken

Fruchtsäfte und Buttermilch mischen und die Haferflocken unterrühren.

Zwischendurch

185 kcal, 5 g Fett

1/2 Becher fettarmer Kräuterquark (100 g)
2 Knäckebrötchen
25 g Mungosprossen

Quark auf die Brötchen streichen und mit den Mungosprossen bestreuen.

MITTAGESSEN

Risotto mit gegrillten Austernpilzen

260 kcal, 12 g Fett

1 Lauchzwiebel
1 Knoblauchzehe
1 EL Reis
2 TL Olivenöl
etwas Weißwein
Gemüsebrühe
150 g Austernpilze

Kleingeschnittene Lauchzwiebel, fein gewürfelte Knoblauchzehe und Reis in 1 Teelöffel Olivenöl andünsten. Mit etwas Weißwein und Gemüsebrühe ablöschen. Austernpilze putzen, waschen und mit dem restlichen Olivenöl einpinseln. Unter dem Grill 4-5 Minuten rösten. Mit dem Risotto auf einem Teller anrichten.

Zwischendurch

160 kcal, 2 g Fett

200 ml ungezuckerter Multi-Vitaminsaft
1 Kiwi
3 EL Instant-Haferflocken

Vitaminsaft mit der Kiwi pürieren. Die Haferflocken einrühren.

ABENDESSEN

Salatröllchen Foto

210 kcal, 5 g Fett

1 gekochte Hühnerbrust (220 g)
1 kleine Gurke
1 Möhre
1 Selleriestange
1 TL Sonnenblumenöl
2 EL Sojasauce
1 El geriebene Ingwerwurzel
2 EL Limettensaft
Pfeffer
einige Eisberg-Salatblätter
1 Scheibe Brot

Hühnerbrust, Gurke, Möhre und Selleriestange in feine Würfelchen schneiden. In einer Marinade aus Öl, Sojasauce, Ingwer und Limettensaft 1/2 Stunde ziehen lassen. Mit Pfeffer würzen, in die Salatblätter füllen, aufrollen und in Scheiben schneiden. Dazu die Scheibe geröstetes Brot servieren.

Tip

Kein Tag ohne Fitness-Drink. Verzichten Sie aber auf Nektar und Fruchtsaftgetränke, denn die sind verdünnt und enthalten nicht so viele Aktivstoffe für Ihr Wohlbefinden wie selbstgepreßte oder fixfertige reine Obst- oder Gemüsesäfte aus der Flasche.

25. TAG

CA. 1005 KCAL, 26 G FETT

FRÜHSTÜCK

Morgenmuffel-Müsli

190 kcal, 2 g Fett

3 EL Corn Flakes
250 g entrahmte Dickmilch
1 Banane
Zimt
1 TL Zucker

Corn Flakes mit Dickmilch verrühren. Die Banane in Scheiben schneiden und unterheben. Mit Zimt und Zucker abschmecken.

Zwischendurch

115 kcal, 4 g Fett

1/2 Becher fettarmer Joghurt
1 TL Salatcreme
1/2 TL Curry
Cayennepfeffer
Sojasauce
2 Möhren
2 Selleriestangen
2 Lauchzwiebeln
1/2 Mini-Salatgurke

Für den Dip Joghurt und Salatcreme verrühren und mit den Gewürzen und einigen Tropfen Sojasauce abschmecken. Das Gemüse kleinschneiden und dazu reichen.

MITTAGESSEN

Gemüseeintopf Foto

250 kcal, 11 g Fett

Je 1 kleine grüne und rote Paprikaschote
1 Tomate
1 kleiner Zucchino
1 Zwiebel
1 EL Reis
2 TL Olivenöl
1 Prise Thymian
1/4 l Gemüsebrühe
1/2 Bund Basilikum
1 TL geriebener Parmesan

Gemüse in Würfel schneiden. Mit dem Reis im Öl andünsten. Thymian zufügen und mit der Gemüsebrühe aufgießen. Etwa 20 Minuten köcheln lassen. Das Basilikum hacken und mit dem Parmesan auf die Suppe streuen.

Zwischendurch

140 kcal, 0,5 g Fett

1 Zuckermelone

ABENDESSEN

Geflügelsalat

310 kcal, 8 g Fett

1 gekochte Hühnerbrust (200 g)
2 Selleriestangen
1 gelber Pfirsich
2 EL gehackte Walnüsse
100 g fettarmer Joghurt
1/2 geriebener Apfel
1 TL geriebener Meerrettich
Salz
1 Scheibe Knäckebrot

Hühnerbrust und Sellerie in Streifen schneiden. Pfirsich häuten und würfeln. Alles mit den Walnüssen in eine Schüssel geben. Joghurt, Apfel, Meerrettich und Salz verrühren, über den Salat gießen und alles vermischen. Mit dem Knäckebrot servieren.

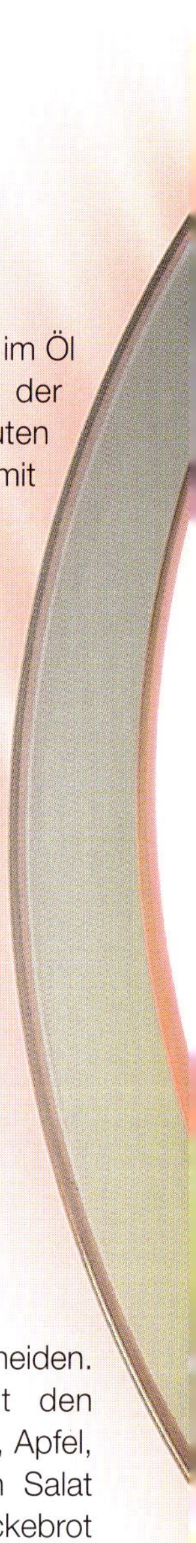

Tip

Äpfel killen den Hunger: Ein Apfel enthält etwa 3 g Ballaststoffe. Die quellen auf, füllen Magen und Darm und machen satt. Bevorzugen Sie Vitamin-C-reiche Apfelsorten wie Boskop, Jonagold und Idared.

26. TAG

CA. 1010 KCAL, 25 G FETT

FRÜHSTÜCK

Kräuterbrot

260 kcal, 5 g Fett

50 g Hüttenkäse
frische Kräuter
1 Vollkornbrot
1 Tomate
1/2 Banane
1 TL Honig
200 ml entrahmte Dickmilch

Hüttenkäse mit den gehackten Kräutern mischen und auf das getoastete Brot streichen. Mit den Tomatenscheiben belegen. Banane, Honig und Dickmilch pürieren und zum Kräuterbrot trinken.

Zwischendurch

150 kcal, 1 g Fett

250 g Süßkirschen

MITTAGESSEN

Putengeschnetzeltes

290 kcal, 10 g Fett

1 Tomate
1 kleine rote Paprikaschote
3 EL Gemüsebrühe
Salz
Zucker
Cayennepfeffer
150 g Putenschnitzel
1 kleine grüne Paprikaschote
1 kleine Zwiebel
1 TL Pflanzenfett
2 EL gekochter Reis

Tomate und rote Paprikaschote kleinschneiden. In der Gemüsebrühe weich dünsten. Durch ein Sieb streichen und mit Salz, Zucker und Cayennepfeffer abschmecken. Putenschnitzel in Würfel schneiden, grüne Paprikaschote würfeln und Zwiebel vierteln. Alles in einer beschichteten Pfanne im Pflanzenfett braten. Die Sauce darübergießen. Mit dem gekochten Reis servieren.

Zwischendurch

50 kcal, 2 g Fett

5 Radieschen
Schnittlauchröllchen
150 ml Mineralwasser
6 EL Dickmilch
Pfeffer

Radieschen vierteln, mit den Schnittlauchröllchen, Mineralwasser und Dickmilch pürieren. Mit Pfeffer würzen.

ABENDESSEN

Dänischer Kartoffelsalat Foto

260 kcal, 8 g Fett

100 g fettarmer Joghurt
1 TL Mayonnaise, 1 Prise Curry
1/2 TL Senf
1 kleine Lauchzwiebel
1 EL gehackter Dill
2 mittelgroße gekochte Kartoffeln
50 g Krabben
Pfeffer
Salz

Joghurt mit Mayonnaise, Curry, Senf, der gehackten Lauchzwiebel und dem Dill vermengen. Die Kartoffeln pellen und in Scheiben schneiden. Mit den Krabben und der Sauce vermengen und mit Pfeffer und Salz würzen.

Tip

Eine leichte Salatcreme erhalten Sie, wenn Sie fette Mayonnaise mit fettarmem Joghurt strecken: Ein Teil Mayonnaise und drei Teile Joghurt haben nur ein Viertel der Fettmenge von reiner Mayonnaise.

27. Tag

CA. 1095 KCAL, 26 G FETT

FRÜHSTÜCK

Muntermacher

140 kcal, 4 g Fett

1 Tomate
50 g Mozzarella
1 Scheibe Vollkornbrot
Salz
Pfeffer
Schnittlauch

Tomate und Mozzarella in Scheiben schneiden und das getoastete Brot damit belegen. Salzen und pfeffern und mit Schnittlauchröllchen bestreuen.

Zwischendurch

150 kcal, 3 g Fett

300 g Blumenkohl
1 EL Balsamico-Essig
2 EL Brühe
1/2 TL Öl
Salz
Pfeffer

Blumenkohl in Röschen zerteilen. In Essig, Brühe, Öl, Salz und Pfeffer marinieren.

MITTAGESSEN

Chinapfanne

305 kcal, 12 g Fett

1 TL Sesamsamen
1 gehäutete Hühnerbrust (200 g)
1 kleine rote Paprikaschote
1 Lauchzwiebel
2 Selleriestangen
2 TL Pflanzenöl, 3 EL Sojasauce
1 TL Sherry, 1 TL Stärkemehl
1 kleine Knoblauchzehe
etwas geriebene Ingwerwurzel
einige Eisberg-Salatblätter

Sesamsamen in einer beschichteten Pfanne rösten, herausnehmen. Hühnerbrust, Paprika, Lauchzwiebel, Selleriestangen in Streifen schneiden. Öl in der Pfanne erhitzen. Das Geflügel darin bräunen, dann das Gemüse nach und nach in die Pfanne geben und braten. Sojasauce, Sherry und Stärkemehl verrühren, die durchgepreßte Knoblauchzehe und den Ingwer einrühren und unter das Gemüse rühren. Auf knackigen Salatblättern anrichten und mit dem Sesam bestreuen.

Zwischendurch

100 kcal, 0 g Fett

150 ml Apfelsaft
50 ml Mineralwasser
2 EL Himbeersirup

Alle Zutaten verrühren und auf Eis servieren.

ABENDESSEN

Thunfischsandwich Foto

400 kcal, 7 g Fett

2 Tomaten
1 TL Sonnenblumenöl
1 EL Gemüsebrühe
2 TL Essig
1 Knoblauchzehe
1 grüne Paprikaschote
1 Zwiebel
2 EL weiße Bohnen (Dose)
1 kleine Dose Thunfisch naturell (100 g)
1 kleines Pitabrot

Tomaten würfeln. Saft auffangen, mit Öl, Brühe, Essig und durchgepreßter Knoblauchzehe vermischen. Paprikaschote und Zwiebel kleinschneiden. Gemüse und weiße Bohnen mit der Sauce begießen. Den Thunfisch zerpflücken, hinzugeben und alles in das Pitabrot füllen.

Tip

Vitamin-Hit Melone: 1 Stück Kantalup-Melone zwischendurch schmeckt super und hat viele Schönheits- und Aktivstoffe wie z.B. Beta-Karotin und Vitamin C.

28. TAG

1210 KCAL, 26 G FETT

FRÜHSTÜCK

Power-Müsli

320 kcal, 3 g Fett

1 große Banane
1 Kiwi
1 kleiner Pfirsich
1 Orange
1 EL geröstete Haferflocken
1 EL Corn Flakes
6 blaue Weintrauben
1 Becher fettarmer Erdbeer-Joghurt (150 g)

Obst in mundgerechte Stücke schneiden. Haferflocken, Corn Flakes und Weintrauben mit dem Joghurt vermischen und die Früchte unterheben.

Zwischendurch

50 kcal, 2 g Fett

250 ml Tomatensaft
1 Knäckebrot

MITTAGESSEN

Überbackener Fenchel Foto

345 kcal, 10 g Fett

1 Fenchel
1 Zwiebel
3 EL Hühnerbrühe
1 Tomate
150 g Magerquark
1 EL geriebener Parmesan
1 Eigelb

Fenchel und Zwiebel kleinschneiden. In der Hühnerbrühe 5 Minuten dünsten, in eine Auflaufform geben. Die Tomate mit kochendem Wasser überbrühen, häuten, entkernen, würfeln und darüberstreuen. Quark, Parmesan und Eigelb vermischen. Über das Gemüse geben und bei 220 Grad 10 Minuten gratinieren.

Zwischendurch

65 kcal, 0,5 g Fett

1 mittelgroßer Apfel

ABENDESSEN

Gefüllte Tomaten

430 kcal, 10 g Fett

75 g Nudeln
2 große Tomaten
1 kleiner Zucchino
1 kleine Zwiebel
2 TL Olivenöl
1 TL Zitronensaft
Salz
Pfeffer
1 kleine Dose Krebsfleisch (50 g)

Nudeln in Salzwasser nach Packungsanweisung kochen, abgießen und abkühlen lassen. Von den Tomaten einen Deckel abschneiden, Tomaten aushöhlen, Fruchtfleisch durch ein Sieb streichen. Zucchino und Zwiebel würfeln, in Olivenöl dünsten und mit dem Zitronensaft zum Tomatensaft geben. Salzen und pfeffern. Das Krebsfleisch untermischen. Alles in die Tomaten füllen.

Tip

Gummibärchen sind erlaubt. Sie vertreiben den Hunger auf Süßes und enthalten nicht ein Gramm Fett.

Ihr Body-Styling-Programm: Beine

Dieses effiziente Training ist Tänzerinnen abgeschaut. Es stärkt die vordere und die rückwärtige Beinmuskulatur und strafft so die Oberschenkel innen und außen. Immer mit dieser Dehnübung beginnen: Einen Fuß auf den oberen Rand eines Stuhls stellen, mit den Händen festhalten und langsam und sanft die Muskulatur dehnen, je Bein 10-20 Sekunden. Zwischen den Übungen öfter die Beine ausschütteln.

1

2

3

4

1. Gerade hinstellen, mit einer Hand am Stuhl festhalten, die andere in die Taille stützen. Rechtes Bein 30mal nach vorn hochwerfen und wieder zurück. Seite wechseln.

2. Gleiche Ausgangsstellung. Das rechte Bein 30mal zurückschwingen. Dann die Seite wechseln.

3. Mit gegrätschten Beinen hinter den Stuhl stellen, die Hände umfassen die Stuhllehne. Die Beine 30mal beugen und wieder strecken.

4. Gerade hinstellen, die Hände auf den Po. Einen großen Schritt nach vorn machen, dabei mit dem Ballen aufsetzen, wieder zurück. Im Wechsel je Bein 15mal.

VIEL TRINKEN
macht schlank

Mindestens 2 Liter pro Tag und vor allem das richtige

Trinken, trinken, trinken heißt die Parole, je mehr desto besser. Um so leichter purzeln die Pfunde und um so dynamischer und fitter fühlen Sie sich während der Diät. Mineralwasser ist der ideale Begleiter, aus vielerlei Gründen. Aber auch Tee und bestimmte Säfte können Ihr Durchhaltevermögen stärken und Sie während der 28 Tage bei bester Laune halten

Gesund abnehmen mit Mineralwasser

Wasser – warum ist viel davon denn so wichtig?

Weil ohne Wasser im Körper überhaupt nichts funktioniert. Wir brauchen Wasser als Baustoff für sämtliche Körperzellen und Flüssigkeiten beispielsweise für das Blut. Blut dickt bei Wasserknappheit schnell ein und kann nicht mehr richtig fließen. Die Folge: Sauerstoff und Nährstoffe gelangen viel zu langsam in die Muskeln und Organe, wir fühlen uns müde und schlapp. Besonders Nieren, Herz und auch das Gehirn leiden unter einer schlechten Versorgungslage. Außerdem löst Wasser die Nährstoffe aus unserer Nahrung – nur so kommen wir überhaupt zu neuer Energie. Bei einer Diät ist viel Trinken auch deshalb so wichtig, weil die beim Fettverbrennen entstehenden Rückstände schnell ausgeleitet werden müssen. Dazu brauchen die Nieren viel Flüssigkeit. Nur so geht's auf der Waage zügig bergab, und nur so fühlt man sich auch fit, weil dann auch der Kreislauf stabil bleibt.

Mineralwasser ist ideal für die schlanke Linie. Warum?

Weil der Körper – außer beim Atmen – niemals bloß reines Wasser, sondern immer gleich auch lebenswichtige Mineralien ausscheidet, hält Wassernachschub aus der Mineralwasserflasche doppelt fit, denn es ersetzt das Verlorene. Mit Mineralwasser löschen wir den Durst zum Null-Kalorien-Tarif. Und wer vor dem Essen ein Glas Mineralwasser trinkt, dämpft den ersten Riesenhunger. Das hilft, langsam und genußvoll zu essen und auch mit kleineren Mengen auf dem Teller satt zu werden. Außerdem hält Mineralwasser die Verdauung in Schwung. Die Vorteile liegen also auf der Hand. Wahrscheinlich ist Mineralwasser das einzige Lebensmittel, von dem wir selbst in astronomischen Mengen genossen nur profitieren.

Ist Mineralwasser gesünder als Leitungswasser?

Das hängt ganz wesentlich von der Qualität des Leitungswassers ab. Natürliches Mineralwasser muß bereits beim Austritt aus der Quelle mikrobiologisch und chemisch top sein. Nur ganz wenige Behandlungsverfahren sind erlaubt, wie z. B. die Entfernung des natürlich vorkommenden Eisens und der Zusatz von Kohlensäure. Leitungswasser hingegen kann aus Wasser höchst unterschiedlicher Qualität hergestellt werden. Auf dem Weg zum Wasserhahn durchläuft es in der Regel zahlreiche Aufbereitungsverfahren und wird dabei mit Hilfe von chemischen Zusatzstoffen verbessert. Ferner fließt es noch durch ein weitverzweigtes Rohrleitungsnetz, das gut in Schuß sein kann – aber nicht muß. Beim Leitungswasser verlangt der Gesetzgeber nur, daß es die Gesundheit nicht schädigen darf. Mineralwasser dagegen muß günstige Wirkungen auf den menschlichen Organismus nachweisen können.

Welches Mineralwasser ist das richtige?

Immer das, welches am besten auf Sie und Ihre persönliche Situation und Ihre Vorlieben zugeschnitten ist. Ob Sie eine leicht erdige (Sulfat-) Note, etwas Salzgeschmack (Natrium) oder sprudelnde Kohlensäure bevorzugen – das beste Wasser ist das, von dem Sie gerne 2 Liter pro Tag trinken. Gehören Sie zu den Stressgeplagten, dann sollten Sie zu einem Mineralwasser mit viel Kalium und Magnesium greifen: Das stärkt das Nervensystem und mobilisiert die körpereigenen Reserven. Wer neben seiner Diät noch viel Sport treibt, sollte ein Wasser wählen, das „magnesiumhaltig“ ist. Das beugt Muskelkrämpfen nach dem Training vor.

Lieber spritziges oder stilles Wasser?

Das ist in allererster Linie eine Frage Ihres ganz persönlichen Geschmacks. Spritziges, kohlensäurereiches Wasser füllt schneller den Magen und die Speiseröhre mit Gas – gut bei aufkommenden Hungergefühlen, ungünstig jedoch für Leute, die viel schweißtreibende Fitness absolvieren, denn die sollen reichlich trinken. Das geht leichter mit stillem Wasser. Das ist auch für all diejenigen besser geeignet, die sich mit dem Vieltrinken ohnehin schwer tun. Es verursacht nicht so leicht das typische Völlegefühl wie kohlensäurereiches Wasser. Sie trinken davon einfach mehr.

Bedeutet der Hinweis "Enteisent", daß Eisen im Körper abgebaut wird?

Nein, darüber müssen Sie sich keine Sorgen machen. Die Aufschrift „Enteisent" bedeutet einfach nur, daß dem Mineralwasser durch ein bestimmtes Belüftungsverfahren Eisen entzogen wurde. Dieser Vorgang ist notwendig, damit das natürlich gelöste Eisen bei Kontakt mit Sauerstoff – das geschieht beim Öffnen der Flasche – nicht oxidiert. Das würde dann unappetitlich bräunlich-rote Flocken im Wasser bilden.

Ist alles Mineralwasser, was in Flaschen angeboten wird?

Nein. Mineralwasser hat jede Menge „Konkurrenz", die sich jedoch deutlich unterscheidet: Quellwasser kann Mineralien und Spurenelemente enthalten, muß aber nicht. Tafelwasser ist kein Naturprodukt, sondern eine industriell hergestellte Mischung verschiedener Wasserarten. Es muß keine ernährungsphysiologischen Wirkungen aufweisen. Natürliches Heilwasser besitzt auf Grund seiner besonderen Zusammensetzung krankheitslindernde, -heilende oder -vorbeugende Wirkungen. Diese müssen nachgewiesen werden. Vorsicht: „Heilwasser" ist ohne ärztliche Beratung für den längeren Gebrauch nicht geeignet.

Mineralwasser besser nicht selber „ansetzen"?

Was Sie bekommen, wenn Sie Ihr Leitungswasser mit Kohlensäure versetzen – der Handel bietet dazu diverse Geräte an – ist leider noch lange kein richtiges Mineralwasser. Dem hausgemachten „Prickelwasser" fehlt nicht nur die ursprüngliche Reinheit eines natürlichen Mineralwassers, auch die vom Gesetzgeber geforderten ernährungsphysiologischen Wirkungen werden dabei nicht erfüllt. Die wertvollen Mineralien und Spurenelemente kommen eben nur im natürlichen Mineralwasser in größeren Mengen vor.

Wie kann man sich das Vieltrinken angewöhnen?

Sichtkontakt mit der Mineralwasserflasche ist eine wirksame Strategie gegen „Trinkfaulheit". Überlisten Sie sich selbst und stellen Sie an allen strategisch günstigen Orten eine Flasche bereit: am Schreibtisch, in der Küche, neben dem Lesesessel, vor dem Fernseher, auf dem Nachttisch. Aber leeren Sie die Flasche nicht in einem Zug. Sorgen Sie lieber Schluck für Schluck für Wassernachschub. Das ist erstens bekömmlicher, und zweitens gelangt die Flüssigkeit so viel schneller bis in die kleinste Körperzelle. Bei „Hochwasser" im Magen werden die wertvollen Tropfen nur sehr verzögert ins Blut abgegeben und damit langsam an die Zellen weitergeleitet. Ideal wäre es, etwa jede Stunde ein Glas zu leeren. Ganz wichtig: Schaffen Sie Abwechslung im Trinkglas. Die weckt den Durst. Mischen Sie das Wasser mal mit ungezuckerten Obstsäften oder Obstessig. Oder brühen Sie sich einen Tee. Tolle Rezepte finden Sie auf den folgenden Seiten.

Ist Ihr Wasserhaushalt im Lot?

Notieren Sie bei jeder Aussage, der Sie zustimmen können, die entsprechende Punktzahl, und lesen Sie nach, ob Sie normalerweise genug trinken. Denn auch nach der Diät sollten Sie viel weitertrinken, um Ihre neue Linie zu halten. Während der Diät sollten Sie auf Alkohol und Milch natürlich verzichten

1. *Ich trinke jeden Tag mindestens 2 Liter Wasser, Saft, Schorle, Milch, Kräuter- oder Früchtetee.*
Stimmt ______ ***+7***

2. *Zusammen mit meinem Frühstückstee, dem Nachmittagskaffee und etwas Alkoholischem am Abend komme ich auf etwa 1,5 bis 2 Liter Getränke am Tag.*
Stimmt ______ ***+3***

3. *In aller Regel trinke ich weniger als 1 Liter pro Tag.*
Stimmt ______ ***+ 0***

4. *Ich ernähre mich im wesentlichen ausgewogen und abwechslungsreich. Obst und Gemüse sind – in den üblichen Mengen – immer dabei.*
Stimmt ______ ***+2***

5. *Es gibt viele Tage, an denen ich es überhaupt nicht schaffe, Obst und Gemüse in meinen Speiseplan einzubauen.*
Stimmt ______ ***+0***

6. *Ich bin ein richtiger Frischkost-Fan. Obst, Gemüse und Salat nehmen bei mir einen großen Teil der täglichen Mahlzeiten ein.*
Stimmt ______ ***+3***

7. *Mit Schlankheitsdiäten versuche ich häufig, auf die Schnelle ein paar Pfund loszuwerden.*
Stimmt ______ ***-1***

8. *Ich esse sehr viele Vollkornprodukte und andere ballaststoffreiche Lebensmittel (z. B. Hülsenfrüchte, Pilze).*
Stimmt ______ ***-1***

9.. *Ich treibe regelmäßig Sport, bei dem ich ordentlich ins Schwitzen komme.*
Stimmt ______ ***-2***

10. *Mein Job ist körperlich sehr anstrengend und schweißtreibend.*
Stimmt ______ ***-2***

Addieren Sie jetzt Ihre Punkte.

Mehr als 3 Punkte
Glückwunsch! Sie wissen, wie wichtig eine gute Flüssigkeitsversorgung für Ihren Körper ist. Weiter so: Behalten Sie Ihre persönliche „Wasserbilanz“ auch künftig gut im Auge.

1 bis 3 Punkte
Kein Grund zur Sorge – aber durchaus verbesserungsfähig! Gönnen Sie Ihrem Körper auf Dauer etwas mehr Flüssigkeit. Gut zur Erinnerung: eine Flasche Mineralwasser in Sicht- und Griffweite am Arbeitsplatz.

Weniger als 1 Punkt
Eigentlich müßte Ihr Durst Ihnen bereits signalisieren, daß Ihr Wasserhaushalt nicht ganz im Lot ist. Versuchen Sie unbedingt, genügend zu trinken. Unsere Cooking-light-Durstlöscher-Tips helfen Ihnen sicher dabei.

Gesund abnehmen mit Tees

Tee ist ein idealer Begleiter für jede Diät, der beste „Longdrink", weil er durch seine vielfältigen und unterschiedlichen Aromen viel Abwechslung schafft. Doch Tee kann noch mehr: erfrischen, beleben, beruhigen, Hungergefühle dämpfen und die Stimmung heben, je nach Wunsch und Tee-Sorte. Ein weiterer Vorteil: Man kann ihn auch bequem in einer Thermoskanne mit an den Arbeitsplatz nehmen. Er schmeckt aber auch kalt gut. Gerade während einer Diät kommt es manchmal zu Frustgefühlen – die Seele hat Schnupfen, sei es, weil es mal ein, zwei Tage auf der Waage nicht weiter abwärts geht, sei es, weil man sich einfach lust- und kraftlos fühlt. Hier können Tees wahre Wunder wirken.

Seelen-Tröster

Grüner Tee mit Minze

Grünen Tee in eine Kanne geben (pro Tasse einen gestrichenen Teelöffel), mit wenig heißem, aber nicht mehr kochendem Wasser überbrühen und es kurz darauf wieder abgießen. Dann die Teekanne neuerlich mit auf 70-80 Grad abgekühltem Wasser füllen und den Tee etwa vier Minuten ziehen lassen. In ein Glas mit einigen Blättchen frischer Minze gießen. Nach Bedarf zuckern. Grüner Tee weckt den Geist und schenkt inneren Frieden.

0 kcal, 0 g Fett

Gegen Stimmungstief

Rosmarintee

Einen Teelöffel Rosmarinblätter mit einer Tasse heißem Waser übergießen und nach 15 Minuten abseihen. Täglich drei- bis viermal eine Tasse brühen und am besten zwischen den Mahlzeiten trinken. Rosmarin päppelt Geist und Seele auf und sorgt für neuen Elan.

0 kcal, 0 g Fett

Für mehr Power

Rosmarin-Zimt-Tee

Auf eine Tasse einen gehäuften Teelöffel Rosmarin nehmen, mit sprudelndem, kochendem Wasser überbrühen und acht Minuten ziehen lassen. Dann eine Messerspitze gemahlenen Zimt und etwas Honig hinzugeben. Heiß trinken. Zimt stabilisiert die innere Harmonie und wirkt wie ein Energieschub.

Mit Honig ca. 30 kcal, 0 g Fett

Weckt die Lebensgeister

Anistee

Ein bis zwei Teelöffel Anis mit einer Tasse kochendem Wasser übergießen, eine Viertelstunde ziehen lassen, dann abseihen. Nach Bedarf mit 1 TL Honig süßen. Zwei- bis dreimal täglich trinken. Anis regt an, ohne aufzuregen.

Mit Honig ca. 30 kcal, 0 g Fett

Bringt Energie zurück

Zimt-Pfefferminz-Tee

Einen gehäuften Teelöffel Pfefferminze mit sprudelndem Wasser überbrühen, acht Minuten ziehen lassen, abseihen und dann eine Messerspitze Zimt und eventuell etwas Honig hinzufügen. Heiß trinken. Pfefferminze erfrischt und verscheucht Unruhe-Gefühle.

Mit Honig ca. 30 kcal, ohne 0 kcal, 0 g Fett

Hebt die Stimmung

Kardamomtee

Einen Teelöffel gemahlenen Kardamonsamen und einen Teelöffel Pfefferminze überbrühen, fünf Minuten ziehen lassen. Nach Bedarf mit Honig süßen. Kardamom verleiht der Seele Flügel und stabilisiert den Kreislauf.

Mit Honig ca. 30 kcal, ohne 0 kcal, 0 g Fett

Wenn sich die Waage nicht rührt

Ning-Hong-Tee

Nötig sind 100 g Tee-Mischung aus
56 g Ning-Hong-Tee
18 g Kassie
12 g Kamille
9 g Azarole
3 g Luchango
2 g Süßholz

Vor jeder Mahlzeit müssen jeweils drei Tassen hintereinander getrunken werden. Dafür wird jeder Teebeutel dreimal überbrüht. Jeweils fünf Minuten ziehen lassen. Der Tee regt den Stoffwechsel an und beschleunigt die Verdauung. (Ning-Hong ist quasi eine „schwarze Variante“ vom Grünen Tee, kommt aus China und ist bei uns vorwiegend über Tee-Versandhäuser zu beziehen.)

0 kcal, 0 g Fett

Gegen den kleinen Hunger

Matetee

Einen gehäuften Teelöffel Mateblätter mit kochendem Wasser überziehen, mindestens fünf Minuten ziehen lassen, abseihen. (Je länger er zieht, desto stärker wirkt er). Die Teeblätter können auch ein zweites Mal aufgebrüht werden. Matetee ist ein Tausendsassa, denn er wirkt nicht nur gegen geistige und körperliche Ermüdung, er bekämpft auch Hungergefühle und Gelüste.

0 kcal, 0 g Fett

Gaumen-Schmeichler

Gewürztee

Ein Achtel Liter Wasser über einen Teelöffel Tee (schwarzer oder Kräuter-Tee) gießen und wie gewohnt ziehen lassen, Abseihen, danach je eine Messerspitze Piment und Zimt und einen Hauch Muskat hinzugeben. Nach fünf Minuten durch ein Filter sieben. Dann einen Eßlöffel Puderzucker, zwei Eßlöffel Orangen- und einen halben Eßlöffel Zitronensaft hineinrühren. Im Sommer gestoßenes Eis dazu geben. Piment dämpft innere Unruhe, Muskat heitert das Gemüt auf, Zimt gibt Power.

112 kcal, 0 g Fett

Gegen den Durst

Grüner Eistee

Zwei bis drei Teelöffel Grüner Tee und eine viertel Zimtstange mit einem halben Liter nicht mehr kochendem Wasser übergießen, etwa drei Minuten ziehen lassen, abseihen. Dann einen Teelöffel Honig und einen halben Teelöffel Zitronensaft und einige Tropfen Angostura-Bitter zugeben, kalt stellen. Nebenbei: Grüner Tee stabilisiert das Immunsystem.

Ca. 30 kcal, 0 g Fett

Obst- und Gemüsesäfte

Fertig gekaufte Obst- und Gemüsesäfte enthalten oft viel Zucker, sind also für eine Diät nur bedingt geeignet. Nicht nur der Kalorien wegen, sondern weil Süßes Hungergefühle auslösen kann.
Sie müssen auf diese Drinks aber nicht unbedingt verzichten, denn sie bringen Abwechslung ins Glas. Und enthalten Ballaststoffe. Je höher der Anteil an Fruchtfleisch, desto mehr Ballaststoffe sind drin. Und die sind gut für eine geregelte Verdauung. Wer damit Probleme hat, kann einen Eßlöffel Weizen- oder Haferkleie unterrühren. Das fällt kalorienmäßig kaum ins Gewicht und enthält nur unwesentlich mehr Fett (1 Eßlöffel Kleie hat 1/2 g Fett). Wenn die Pfunde allerdings kontinuierlich von Tag zu Tag purzeln sollen, dann sollten Sie Obst- und Gemüsesäfte nicht zusätzlich trinken, sondern gegen einen der beiden täglich erlaubten „Zwischendurch-Snacks" austauschen. Das beruhigt auch das Gewissen.
Ideal sind selbstgepresste Säfte. Wem das zu umständlich oder zu zeitraubend ist, sollte unbedingt zu naturbelassenen Produkten ohne Zuckerzusatz greifen. Nektar und Trunk (z.B. Orangen-Trunk) enthalten weniger Frucht und mehr Zucker als zum Beispiel Orangen-Saft.

Kirsch-Apfel-Schorle

200 ml Kirschsaft
100 ml Apfelsaft
100 ml Mineralwasser

Die beiden Säfte mischen, auf zwei Gläser verteilen und mit Mineralwasser auffüllen.

Pro Glas 85 kcal, 0 g Fett

Melonen-Orangen-Mix

400 g Honigmelone
200 ml Orangensaft

Das Fruchtfleisch grob zerkleinern und in den Entsafter geben. Etwa die Hälfte der Flüssigkeit in Eiswürfelbehälter füllen und in den Tiefkühler stellen. Nach dem Einfrieren die Eiswürfel auf zwei hohe Gläser verteilen, die andere Hälfte des Melonensaftes darüber gießen und mit Orangensaft auffüllen.

Pro Glas 134 kcal, 0 g Fett

Gelb-Grün-Drink

300 ml Karottensaft
100 ml Selleriesaft
1 Knoblauchzehe
1/2 Bund Petersilie
weißer Pfeffer, Jodsalz

Die Säfte in einen Mixer geben, den Knoblauch schälen und durch eine Presse dazudrücken, die gewaschene und trockengeschüttelte Petersilie zugeben. Das Ganze auf höchster Stufe gründlich durchmixen, mit Pfeffer und Salz abschmecken. Reicht für zwei Gläser.

Pro Glas 50 kcal, 0 g Fett

Rote Sonne

300 ml Rote-Bete-Saft
1/2 kleine Zwiebel
75 ml Karottensaft
1 EL Sahne
1 Spritzer Zitronensaft
weißer Pfeffer
geriebene Muskatnuß
Jodsalz
1 EL feingehackte Petersilie

Den Rote-Bete-Saft in ein Rührgefäß geben, die Zwiebelhälfte schälen, grob zerkleinern und dazugeben, das Ganze mit einem Pürierstab gut durchmixen, den Karottensaft und die Sahne hinzufügen und mit Zitronensaft, Gewürzen und Salz abrunden, zum Schluß mit Petersilie verzieren. Reicht für zwei Gläser.

Pro Glas 78 kcal, 5 g Fett

Jogger's High

20 g Kresse (Kästchen)
1 Stengel Bleichsellerie mit Blättchen (60 g)
1 EL Zitronensaft
200 ml Tomatensaft
150 g fettarmer Joghurt
weißer Pfeffer, Jodsalz

Die Kresse abschneiden, den Bleichsellerie waschen, putzen und kleinschneiden. Mit der Kresse und dem Zitronensaft in ein Rührgefäß geben und mit einem Pürierstab fein pürieren. Nach und nach den Tomatensaft untermixen, danach den Joghurt und den Drink kräftig aufschlagen und würzen. Reicht für zwei Gläser.

Pro Glas 52 kcal, 0,15 g Fett

Tomato-Piet

250 ml Tomatensaft
100 ml Rote-Bete-Saft
50 ml Orangensaft
2 EL gewiegte Petersilie

Die Säfte mischen und die Petersilie unterrühren. Reicht für zwei Gläser.

Pro Glas 47 kcal, 0 g Fett

Slimmy

100 g Ananasstücke (aus der Dose)
200 ml Sauerkrautsaft
100 ml Apfelsaft

Die Ananasstücke abtropfen lassen und mit den Säften in einen Mixer geben und kräftig durchmixen. Reicht für zwei Gläser.

Pro Glas 69 kcal, 0 gFett

Saft aus Weizengras

Weizengras enthält neben wertvollen Mineralstoffe und Vitaminen auch viel Chlorophyll. Und das sorgt dafür, daß alle Wirkstoffe auf schnellstem Weg dorthin gelangen, wo sie benötigt werden: in alle Körperzellen. Weizengras bringt den Darm in Schwung und hilft so, den Organismus rasch zu entschlacken.

Weizengrassaft ist süß. Mischen Sie ihn deshalb in kleiner Menge (50 ml) mit anderen Säften.

Weizengras und Weizengrassaft gibt es nicht fertig zu kaufen. Man muß das Gras selbst ansäen. Dazu braucht man Weizenkörner (Sprießkornweizen aus dem Reformhaus oder keimfähiger Winterweizen vom Biobauern), die man in Töpfen aussät. In der Wohnung reift das Gras innerhalb von zwei Wochen. Es wird dann entsaftet. Den Saft unbedingt immer frisch trinken, nur so bekommt man auch all seine Vitalstoffe ab.

Lemon on the Rocks

50 ml Weizengrassaft
1 El Honig
3 Limetten (davon 100 ml Saft)
300 ml Mineralwasser mit Kohlensäure

Saft und Honig in ein Rührgefäß geben. Die Limetten heiß abwaschen, von einer die Schale abreiben, dann die Limetten halbieren und auspressen. Die abgeriebene Schale und den Saft in das Rührgefäß geben und alles gut verquirlen. Auf zwei Gläser verteilen und die Limettenmischung zufügen, mit Mineralwasser auffüllen, evtl. Eiswürfel dazugeben.

Pro Glas 64 kcal, 0 g Fett

Apfelessig

Apfelessig und Diät sind zwei, die sich wunderbar kombinieren lassen: Apfelessig ist reich an Vitaminen und Mineralien, macht putzmunter und hilft dem Darm auf Trab. Und – auch das ist ganz wesentlich für eine Diät – er fördert die Konzentration und hält den Geist fit. Man kann ihn entweder tagsüber immer und überall ins Mineralwasser mischen, oder aber ihn gleich morgens vor oder zum Frühstück trinken.

Wake-up-Drink

Zwei Teelöffel guten Apfelessig in einem Glas Mineralwasser mit einem Teelöffel Honig verrühren. Wer die Säure bzw. den Geschmack nicht mag, kann statt des Mineralwassers auch naturtrüben Apfelsaft nehmen bzw. beides mischen.

Mit (200 ml) Apfelsaft ca.150 kcal, 0 g Fett
Mit 1 TL Honig ca. 30 kcal, 0 g Fett

Fett- und Kalorien-Tabelle

Lebensmittel	Fett (g/100 g)	Kcal (je 100 g)
Wurst		
Bierschinken	11,8	180
Bierwurst	18,7	236
Blockwurst	26,3	325
Bockwurst	24,3	275
Bratwurst, fein	26,7	296
Bratwurst, grob	24,0	290
Cervelatwurst	31,9	375
Fleischkäse, grob	23,2	268
Fleischwurst	26,0	287
Fleischwurst, einfach	24,9	277
Gelbwurst	27,0	292
Göttinger	22,6	268
Jagdwurst	18,0	228
Kalbsbratwurst	26,6	291
Kalbsleberwurst	30,9	339
Knacker	25,5	283
Knoblauchwurst	23,1	274
Kochsalami	23,2	277
Krakauer	23,4	278
Landjäger	42,2	472
Leberpastete	28,1	314
Leberwurst, Hausmacher Art	26,9	299
Leberwurst, grob	28,8	326
Leberwurst, Thüringer	25,5	301
Mettwurst, gekocht	20,5	256
Mettwurst, grob	21,2	271
Mettwurst, luftgetrocknet	28,3	354
Mettwurst, streichfähig	34,5	377
Polnische	29,6	341
Regensburger	24,0	280
Rindswurst	20,3	246
Rotwurst	29,0	314
Rotwurst, Thüringer	12,2	193
Salami	27,3	334
Schinkenwurst, fein	23,6	267
Schinkenwurst, geräuchert	20,1	247
Schmierwurst	39,9	418
Schwartenmagen, hessischer	23,5	294

Lebensmittel	Fett (g/100 g)	Kcal (je 100 g)
Schwartenmagen, rot	26,9	305
Teewurst	34,2	372
Weißwurst	25,6	278
Wiener	26,4	292
Zungenwurst	24,1	290
Fleisch		
Kalbsfilet	1,4	95
Kalbskotelett	3,1	112
Kalbsschnitzel	1,8	99
Rinderfilet	4,0	121
Rinderrostbraten	4,5	130
Tafelspitz	12,3	183
Schweinefilet	2,0	106
Schweinekotelett	5,2	133
Schweinenackenbraten	13,8	197
Schweineschnitzel	1,9	106
Ente	17,2	22
Gans	31,0	342
Hähnchenbrust ohne Haut	0,7	102
Hähnchenkeule ohne Haut	6,5	138
Putenbrust	1,0	105
Fisch		
Aal	24,5	281
Forelle	2,7	102
Hecht	0,9	82
Heilbutt	2,3	101
Heringsfilet	15,0	207
Karpfen	4,8	115
Krabben	1,4	87
Lachs	13,6	202
Lachs, geräuchert	9,3	170
Makrele	11,6	180
Rotbarsch	3,6	105
Schellfisch	0,1	73
Scholle	0,8	76
Thunfisch in Öl	20,9	283
Thunfisch natur	1,0	109

Lebensmittel	Fett (g/100 g)	Kcal (je 100 g)
Käse und Quark		
Bel Paese	28,7	391
Brie (50 % F.i.Tr.)	26,5	358
Butterkäse (50 % F.i.Tr.)	27,4	359
Camembert (60 % F.i.Tr.)	32,3	393
Chester (50 % F.i.Tr.)	30,6	410
Cottage	4,1	108
Edamer (45% F.i.Tr.)	26,9	371
Edelpilzkäse (50 % F.i.Tr.)	28,3	368
Emmentaler (45 % F.i.Tr.)	28,2	401
Feta	20,2	260
Doppelrahmfrischkäse	29,9	341
Gorgonzola	29,6	374
Gouda (45 % F.i.Tr.)	27,7	382
Gruyère	30,7	430
Leerdamer (45 % F.i.Tr.)	28,6	374
Leerdamer Light	17,2	287
Limburger (40 % F.i.Tr.)	18,7	281
Mozzarella	15,3	236
Münsterkäse (45 % F.i.Tr.)	21,5	304
Parmesan	24,5	395
Provolone	27,5	383
Ricotta	14,3	181
Promadur (30 % F.i.Tr.)	13,0	231
Roquefort	29,1	378
Sauermilchkäse	0,7	138
Schichtkäse (20 % F.i.Tr.)	4,7	98
Schmelzkäse (45 % F.i.Tr.)	22,4	282
Magerquark	0,3	73
Speisequark (20 % F.i.Tr.)	5,1	110
Speisequark (40 % F.i.Tr.)	11,4	160
Fruchtquark (20 % F.i.Tr.)	3,7	124
Snacks und Fast-Food		
Kartoffelchips	39,4	539
Pommes frites	14,5	264
Erdnußflips	34,5	558
Salzstangen	5,0	389
Pizza-Baguette	28,0	390
Pizza mit Salami	17,5	308
Pizza Margherita	6,8	216

Lebensmittel	Fett (g/100 g)	Kcal (je 100 g)
Eis, Gebäck, Süßigkeiten		
Fruchteiscreme	8,0	160
Sahneeis	17,0	220
Softeis	3,0	115
Sorbet	0,2	150
Blätterteiggebäck	30,0	422
Hefegebäck, einfach	6,6	250
Nußgebäck	28,0	512
Obstkuchen	7,0	223
Rührkuchen	22,0	418
Sahnetorte	25,0	365
Haselnuß-Schokolade	36,5	556
Marzipan	25,0	453
Nougat	24,0	500
Nuß-Nougat-Creme	7,5	406
Vollmilchschokolade	30,0	526
Eier, Saucen		
1 Ei (ca. 60 g)	6,2	84
1 Eigelb (ca. 20 g)	6,1	68
1 Eiweiß (ca. 35 g)	0,1	16
Béchamelsauce	5,6	85
Bratensauce	2,0	45
Meerrettichsauce	30,0	314
Rahmsauce	7,0	95
Sauce Hollandaise	46,3	467
Tomatensauce	1,0	60
Nüsse und Samen		
Cashewnüsse	42,0	569
Erdnüsse, frisch	48,1	571
Erdnüsse, geröstet	49,4	586
Haselnüsse	61,0	643
Kokosraspel	62,0	606
Leinsamen	35,0	435
Mandeln	54,0	599
Mohn	41,0	481
Pinienkerne	60,0	674
Pistazien	51,6	598
Sesam	50,0	570
Sonnenblumenkerne	49,0	582
Walnüsse	62,0	666

Register

Bildnachweis

Titelfotos: FOOD BOX Archiv/Helmut Peters

Bavaria/Imagery: 80/81 (Wassertropfen)
FOOD BOX Archiv/Helmut Peters: 7, 9, 12 (1.Sp.u.), 13 (alle), 14 (1.Sp.u.),
15,17, 19, 21, 23, 25, 27, 29, 33, 35, 37, 39, 41, 43, 45, 49, 51, 53, 55,
57, 59, 61, 65, 67, 69, 71, 73, 75, 77, 83, 87, 89, 91
IDM: 81,82, 84 (1.Sp.o.), 85, 86, 88, 90 (1. Sp. o.)
IFA-Bilderteam/Magg: 6
Lorenzo Mancini: 8 (1.Sp.o.), 10 (alle),12, 14, 16, 18,
20, 22, 24, 26, 28, 30, 32, 34, 36, 38, 40, 42, 44,
46, 48, 50, 52, 54, 56, 58, 60, 62,64, 66, 68, 70, 72, 74, 76, 78(1.Sp.o.)
Meine Familie & ich/Harder: 80 (u.)
Mosaik Verlag/Newedel: 86 (M.)
Schwarz-Böhm/Hannelore Hopp: 30 (2.Sp.), 31,
46 (2. Sp.), 47, 62 (2.Sp.), 63, 78 (2.Sp.), 79

Das sympathische FrauenMagazin
Textbearbeitung: Lore Großhans

in der Verlagsgruppe Bertelsmann GmbH / 5 4 3 2 1
Redaktion: Halina Heitz
Umschlaggestaltung: Design Team München
Umschlagfoto: FOOD BOX, München
Bildredaktion: Antje Kohrs, München
Buchgestaltung und Satz: Noëlle Thieux, Magic Design
Reproduktion: Lorenz & Zeller, Inning a. A.
Druck: Alcione, Trento
Bindung: Ecoprint, Lavis-Trento
Printed in Italy

ISBN 3 – 576 – 11258 – 8

TOMATE 17 KCAL

GI

CHICOREE 16 KCAL

RADIESCHEN 13 KC

MILCH 9 KCAL

KEFIR 15 K